VERHANDLUNGEN

DES

VII. INTERNATIONALEN

ORIENTALISTEN-CONGRESSES

GEHALTEN IN WIEN IM JAHRE 1886.

ÄGYPTISCH-AFRIKANISCHE SECTION.

WIEN, 1888.

ALFRED HÖLDER

K. K. HOF- UND UNIVERSITÄTS-BUCHHÄNDLER.

I. ROTHENTHURMSTRASSE 15.

Verlag von **Alfred Hölder**, k. k. Hof- und Universitäts-Buchhändler,
Wien, I., Rothenthurmstrasse 15.

Separat-Abdrücke

aus den

Verhandlungen des VII. internationalen Orientalisten-Congresses.

Bendall, Cecil, On a newly discovered form of indian character.
Preis: M. 1.60.

Bhagvânlâl, Indrâji, Pandit, Ph. D., Hon. M. R. A. S., Two new grants of the Chalukya dynasty. Preis: M. 3.60.

Bhandarkar, R. G., The Râmânujîya and the Bhâgavata or Pancharâtra systems. Preis: M. —.60.

Ethé, Hermann, Firdausis Yûsuf und Zalîkhâ. Preis: M. 1.50.

Grierson, G. A., The mediaeval vernacular Literature of Hindustan, with special reference to Tul' Sî Das. Preis: M. 4.20.

Grünert, Dr. Max, Die Alliteration im Alt-Arabischen. Preis: M. 2.20.

Guidi, Ignazio, Alcune osservazioni di lessicografia Araba. Preis: M. —.50.

Hommel, Fritz, Die älteste arabische Barlaam-Version. Preis: M. 2.50.

—— Erläuterung zu den von Rev. W. H. Hechler dem Congress vorgelegten Backsteinen aus Telloh in Süd-Babylonien. Preis: M. —.50.

Hoernle, Dr. R., On the Bakhshâlî manuscript. With three photozincographs. Preis: M. 3.20.

Hunfalvy, P., Der Ursprung des Rumänischen. Preis: M. 2.20.

Kremer, A. Freiherr von, Ueber das Budget der Einnahmen unter der Regierung des Hârûn Alrasîd. Nach einer neu aufgefundenen Urkunde. Preis: M. 3.—

Leland, Charles Godfrey, The Original Gypsies and their language.
Preis: M. —.50.

Lignana, Giacomo, I Navagvâh e i Dasagyah del Rigveda. Preis: M. —.60.

Müller, D. H., Zur Geschichte der semitischen Zischlaute. Eine sprachvergleichende und schriftgeschichtliche Untersuchung. Preis: M. 1.—

Müller, Friedrich, Ueber Jasna XXIX, 1—2. Preis: M. —.50.

Oppert, Jules, Les inscriptions juridiques de l'Assyrie et de la Chaldée. Preis: M. —.80.

Roth, R. von, Ueber gewisse Kürzungen des Wortendes im Veda.
Preis: M. —.50.

Schlechta-Wssehrd, Baron O., Uebersetzungsproben aus Firdussi's religiös-romantischem Epos „Jûssuf und Suleicha". Preis: M. 1.20.

Snouck Hurgronje, Dr. C., Arabische Sprichwörter und Redensarten.
Preis: M. —.50.

Straszewski, Dr. M., Professor der Philosophie an der Universität in Krakau, Ueber die Entwickelung der philosophischen Ideen bei den Indern und Chinesen. Preis: M. —.80.

Vidal Bey, M., Secrétaire général de l'Institut, Notice sur les travaux de l'Institut Egyptien depuis sa fondation. Preis: M. —.90.

Verlag von **Alfred Hölder**, k. k. Hof- und Universitäts-Buchhändler,
Wien, I., Rothenthurmstrasse 15.

VERHANDLUNGEN
DES
VII. INTERNATIONALEN
ORIENTALISTEN-CONGRESSES.

ÄGYPTISCH-AFRIKANISCHE SECTION.

Druck von Adolf Holzhausen,
k. k. Hof und Universitäts-Buchdrucker in Wien

VERHANDLUNGEN

DES

VII. INTERNATIONALEN ORIENTALISTEN-CONGRESSES

GEHALTEN IN WIEN IM JAHRE 1886.

ÄGYPTISCH-AFRIKANISCHE SECTION.

WIEN, 1888.

ALFRED HÖLDER
K. K. HOF- UND UNIVERSITÄTS-BUCHHÄNDLER.
I., ROTHENTHURMSTRASSE 15

Altägyptische Untersuchungsacten über Beraubung von Königsgräbern.

Von

Professor Dr. **August Eisenlohr.**

Vor 14 Jahren hat Heinrich Brugsch in der Wiener Ambraser Sammlung ein Papyrusfragment aufgefunden und es im 14. Jahrgang der ägyptischen Zeitschrift (1876, Taf. I) veröffentlicht und erläutert. Dieses Fragment, welches soeben von Herrn Dr. Ernst Ritter von Bergmann, dem verdienten Custos der hiesigen ägyptischen Sammlung mit anderen demotischen und hieratischen Urkunden herausgegeben und übersetzt wurde (Holzhausen, Wien 1886), ist vom sechsten Jahre *nem mesu* datirt, unter welchem Namen wahrscheinlich Ramses X. zu verstehen ist, dessen erstes Jahr auf der Rückseite des Papyrus Abbott (Taf. VIII) dem 19. Regierungsjahre Ramses IX. gleichgestellt wird. Das erste und zweite Jahr dieses *nem mesu* wird auch anderwärts erwähnt. Das Wiener Fragment enthält ein Register von Schriften, welche in zwei Krügen aufbewahrt waren. In dem einen Krug befanden sich Schriften geschichtlichen Inhalts, Denkwürdigkeiten (𓂋𓅮𓇋𓊪 *seχau*) des Königs Rausermameramon, in dem anderen Untersuchungsprotokolle über in der königlichen Nekropole vollführte Diebstähle. Es ist nun ein merkwürdiges Zusammentreffen, dass der Papyrusfund, welchen Herr

A. C. Harris im Februar 1855 in Theben erwarb und der aus einem auf dem Wege zwischen Medinet Abu und Deir el Medinet gelegenen Loch herrühren soll, nicht nur die Denkwürdigkeiten des Königs Rauserma-meramon, nämlich im grossen Papyrus Harris die Annalen Königs Ramses III., sondern auch eine Reihe von Diebstahlsprotokollen enthält, welche sich jetzt sämmtlich im British Museum befinden. Die übrigen noch vorhandenen Diebstahlsprotokolle wie der Papyrus Abbott, der dazu gehörige Papyrus Amhurst, einige andere Papyri des British Museum, die Papyri Vasalli und der Mrs. de Burgh, endlich die Mayer Papyri in Liverpool stammen vielleicht alle aus demselben Funde, welchen Herr Harris nur theilweise erwarb, so dass wir in dem merkwürdigen Wiener Papyrus ein Verzeichniss aller dieser verschiedenen Stücke zu besitzen scheinen. Diese Vermuthung wird dadurch bestätigt, dass einige der Schriftstücke dieselbe Ueberschrift führen, wie sie im Wiener Papyrus angegeben sind.

Indem ich nun beabsichtige Sie mit dem ganzen von mir gesammelten Actenmaterial bekannt zu machen, liegt es ausser meiner Möglichkeit Ihnen eine Uebersetzung oder Erläuterung der einzelnen Actenstücke vorzulegen. Dazu hätte ich bei der flüchtigen Schrift der meisten dieser Stücke einer getreuen Wiedergabe der Originale bedurft. Verschiedentliche Bemühungen, Photographien der einschlagenden Rollen zu erhalten, sind aber gescheitert, so dass sich mein Material auf Handcopien und Durchzeichnungen durch der Schrift unkundige Leute beschränkt, mit denen sich wenig anfangen liess. Nebenbei erfordert das eingehende Studium dieser Schriftstücke einen solchen Aufwand von Zeit und Kraft, wie er mir seither nicht zu Gebote stand. So muss ich mich darauf beschränken, Ihnen eine nicht in's Einzelne gehende Schilderung der betreffenden Urkunden zu geben und mir vorbehalten dieselben in Facsimile zu veröffentlichen, sobald ich selbst eine genaue Wiedergabe derselben besitze.

Schon seit längerer Zeit sind zwei umfangreiche Schriftstücke gerichtlichen Inhalts den Aegyptologen zugänglich gewesen, der eine ist der Papyrus judiciaire des Turiner Museums, welchen Herr Devéria in einer sehr gediegenen Arbeit des Journal asiatique 1865—1868 veröffentlicht und commentirt hat. Derselbe enthält mit drei anderen Fragmenten den Papyrus Lee und Rollin, letzterer in der Bibliothèque Nationale zu Paris, das Gerichtsverfahren aus Anlass einer Haremsverschwörung und steht ausserhalb des Rahmens meines Themas. Der andere Papyrus aber, der sogenannte Papyrus Abbott, welcher aus der Sammlung des amerikanischen Consuls Abbott in's British Museum gelangte und auf Kosten desselben veröffentlicht wurde, enthält auf den sieben Tafeln seiner Vorderseite die im 16. Regierungsjahre Ramses IX. angestellte Untersuchung wegen Beraubung von Königsgräbern, auf der achten Rückseite ein wie oben bemerkt vom 19. Regierungsjahre Ramses IX. datirtes Verzeichniss der Diebe. Der Papyrus Abbott wurde zum Gegenstand eingehender Studien gemacht zunächst von dem unlängst verstorbenen verdienstvollen Forscher Dr. Samuel Birch in einem von Herrn Chabas übersetzten Artikel der Revue archéologique, Ser. I, Bd. XVI, 1859, dann von Herrn Chabas 1870 im dritten Bande seiner Mélanges égyptologiques und fast gleichzeitig von Herrn Maspero im achten Bande der Mémoires de l'Académie des Inscriptions et Belles-Lettres, 1871. Auch Prof. Lauth hat 1871 in den Sitzungsberichten der phil.-histor. Classe der königl. bairischen Akademie der Wissenschaften, S. 707 ff. eine Uebersetzung dieser Gerichtsacten gegeben und in neuerer Zeit hat Dr. Erman bei Erörterung des ägyptischen Gerichtsverfahrens (Aegypt. Zeitschrift 1879, S. 152 ff.) mehrere Stellen des Papyrus Abbott eingehend besprochen. Unterdessen aber ist der Umfang der zugänglich gemachten ägyptischen Actenstücke wesentlich vermehrt worden. So hat Herr Chabas im Papyrus Amhurst ein sicher zum Papyrus Abbott gehörendes Stück behandelt (Mélanges égypt. III b), welches die Untersuchung über die Beraubung des Grabes eines Königs der 13. Dynastie Sebakemsauf und seiner Gemalin Nubχas betrifft. Auch der im gleichen Bande der Mélanges (S. 189 ff.) von Herrn Chabas erklärte Papyrus Salt enthält die Untersuchung gegen einen Verbrecher

Paneba, dem neben sonstigen Diebstählen, Mord, Verführung und anderen Verbrechen der Raub in einem Königsgrabe vorgeworfen wird. Der Papyrus Anastasi VI aber, dessen Uebersetzung unlängst aus den hinterlassenen Papieren des Herrn Chabas in der Revue égyptologique veröffentlicht wurde, erwähnt einen Diebstahl, aber keinen Einbruch in Königsgräber.

Als ich im Jahre 1872 von der Besitzerin der Sammlung Harris gebeten wurde ihr beim Verkauf ihrer werthvollen Manuscripte behilflich zu sein, welche sie aus Alexandrien nach Liverpool gebracht hatte, fand ich Gelegenheit auch das im letzteren Ort befindliche Museum der Free Library zu besichtigen, in welchem sich durch eine grossartige Schenkung des nun verstorbenen Silberschmiedes Mayer neben vielen von Simonides gefälschten Manuscripten auch mehrere sehr werthvolle echte befinden. Darunter entdeckte ich auf zwei beiderseitig beschriebenen Blättern grössten Formats die Untersuchungsacten und Zeugenaussagen über einen Diebstahl in einem Königsgrabe, wie ich dies 1872 in meinem Schriftchen ‚Der grosse Papyrus Harris' S. 9 angeführt habe. Meine Zeit war durch das Studium der Sammlung Harris damals sehr in Anspruch genommen, so dass ich mich darauf beschränken musste von den 12 Columnen des Papyrus 5 abzuschreiben, während zwei Damen die Güte hatten zwei ganze Seiten des Papyrus für mich durchzuzeichnen. Diese etwas flüchtig ausgeführte Durchzeichnung genügt nur zu einer oberflächlichen Kenntnissnahme und ist selbst an den Stellen zum genauen Studium nicht ausreichend, wo ich die Durchzeichnung nachträglich mit dem Originale verglich. Ich habe mir deshalb schon öfters Mühe gegeben durch den Vorstand des Museums, Herrn Gatty, eine zuverlässige Photographie der vier Seiten des Papyrus zu bekommen und hatte um die Erlaubniss nachgesucht den Liverpooler Papyrus im British Museum photographiren zu lassen. Leider hat aber vor kurzem Herr Gatty seine Stelle in Liverpool niedergelegt und ist nach London gezogen, so dass ich vor der Hand auf die Erfüllung meines Wunsches verzichten muss. Die gemachten Durchzeichnungen beehre ich mich Ihnen vorzulegen.

Herr Goodwin nahm darauf die Gelegenheit wahr den Papyrus Mayer zu studiren. Er entdeckte neben dem grösseren Mayer Papyrus, welchen er *A* nannte, noch einen kleineren *B* und gab in zwei schätzbaren Artikeln der ägyptischen Zeitschrift 1873, S. 39 ff. und 1874, S. 61 ff. Aufschluss über den Inhalt der beiden Rollen, über die bei der Zeugenvernehmung angewandten Torturen und über mehrere hier zum ersten Mal angetroffene Ausdrücke. Auch er bestimmte den Inhalt des Papyrus *A* (loc. c. 1873, S. 39) als a judicial document containing the examination of witnesses and of certain parties accused of having robbed some royal tombs. Der Papyrus enthält (I recto, Col. I, I verso, Col. IV) das Datum des ersten und zweiten Jahres des *nem mesu*, dessen erstes Jahr auf der Rückseite des Papyrus Abbott dem 19. Jahre Ramses IX. gleichgestellt wird. *Nem mesu* wird deshalb für einen Beinamen Ramses X. gehalten, der anderwärts (z. B. Inscript. in the hieratic and demotic character, British Museum, Pl. II) Ra χeper ma sotep en ra, Ramses χopešf mer amon genannt wird. Der kleine Mayer Papyrus *B* handelt nach Goodwin von einem Streit zwischen verschiedenen Dieben über die Theilung ihres Raubes. Herr Charles Gatty hat in einem kurzen Katalog der Mayer Collection, dessen zweite Auflage 1879 erschienen ist, S. 36 ff. die Ausführungen des Herrn Goodwin wiederholt und dabei angegeben, dass der grössere Papyrus Nr. 184 der Sammlung von Rev. H. Stobbart nach England gebracht wurde. Die Masse der zwei Blätter dieses Papyrus bestimmt er auf 2 engl. Fuss $7^{1}/_{4}$ Zoll zu $16^{3}/_{4}$ Zoll, was $79{\cdot}4$ zu $42{\cdot}5^{cm}$ gleichkommt und auf 2 Fuss 1 Zoll zu $16^{3}/_{4}$ Zoll, also auf $63^{1}/_{2}$ zu $42^{1}/_{2}{}^{cm}$. Für den kleineren Papyrus Mayer *B* Nr. 185, der aus einem einzigen Blatt besteht, gibt er $18^{1}/_{2}$ auf 11 Zoll, also 47 zu 28^{cm} an.

Die von mir in New Brighton bei Liverpool vorgenommene Prüfung der Papyrussammlung Harris führte mich auf drei weitere Actenstücke über Gräberberaubung, welche in den mir zur Verfügung gestellten Notizbüchern des Herrn Harris als Nr. 1, 2 und 3 bezeichnet werden, die beiden letzten werden auch 498 und 499 genannt. Der wichtigste dieser drei

Papyri ist der mit Nr. 1 bezeichnete.[1]) Er ist auf beiden Seiten beschrieben. In den Notizbüchern des Herrn Harris wird seine Länge auf 87 engl. Zoll, also auf 2^m 21 angegeben, während seine Höhe ohne Rand 15 Zoll, d. i. 38^{cm}, mit Rand $17^7/_8$ Zoll oder $45\cdot4^{cm}$ betrug. Dieser Papyrus ist wie der Papyrus magique Harris, welchen Herr Chabas herausgab und übersetzte, als er noch vollständig war, ein Opfer der Schiessbaumwolle-Explosion geworden, welche im October 1870 vor dem Hause des Herrn Harris stattfand. Er ist nicht wie der Papyrus magique in lauter kleine Schnitzel zerfallen, wohl aber ist von der Vorderseite der untere Theil von der 14. bis 18. Zeile abgebrochen, von der umgekehrt geschriebenen Rückseite der obere Theil. Die Fragmente dieses abgebrochenen Stückes sind theils mit den übrigen Papyri der Sammlung Harris durch meine Vermittelung ins British Museum gelangt, theils sind sie noch mit einer Iliasrolle (Buch II—IV) im Besitze von Frl. Harris. Glücklicherweise existirt von der Vorderseite des damals noch vollständigen Papyrus eine ziemlich gute Durchzeichnung, welche ich seinerzeit dem British Museum übergab. Mit Hilfe derselben liesse sich auch der nur in Fragmenten vorhandene Theil sammt der Rückseite wieder herstellen. Der Papyrus Harris Nr. 1 hatte auf seiner Vorderseite in acht Columnen $18 + 19 + 19 + 20 + 17 + 17 + 18 + 2$, also zusammen 130 Zeilen, auf seiner Rückseite fünf Columnen mit 14, 21, 26, 24 und 11, zusammen 96 Zeilen. Die beiden Seiten gehörten nicht dem nämlichen Actenstücke an. Die Rückseite trug in dem nun abgebrochenen Stücke die Daten vom Jahre 10 oder 12 und vom Jahre 9, die Vorderseite dagegen ist vom Jahre 17, 5 Tybi Königs Ramses IX. datirt, also ein Jahr später, als die sieben ersten Columnen des Papyrus Abbott. Die Vorderseite ist in denselben grossen und kräftigen Zügen geschrieben, wie der Abbottpapyrus. Es heisst (1, 4): Das Protokoll, welches handelt von den

---

[1]) Zur Vermeidung von Verwechslung mit dem grossen Papyrus Ramses III. wird es zweckmässig sein, letzteren, wie ich es schon 1872 gethan habe, den grossen Papyrus Harris zu nennen und nicht Papyrus Harris Nr. I, wie es zeitweise geschehen ist.

Dieben, die gefunden wurden als sie die schönen Gräber beraubten, welches aufnahm der Statthalter Xaemuas (derselbe Beamte wie Abbott II, 4 und Papyrus Amhurst, Chabas, pag. 18), der erste Prophet des Amon, Königs der Götter, Amenhotep im Gerichtshaus in der Stadt. Ihr Urtheil, welches sie gaben in der Schrift um es zu lesen (oder um sich ihrer [der Diebe] zu bemächtigen, wie Abbott IV, 10) durch die Hand des Vorgesetzten, des grossen Alten, Schreiber des Bezirkes Unnofer, den Chef der Arbeiter Userχopeš von der Nekropole, den Beamten Kateta des Schliessers(?) Chonsumes von der Nekropole. Darauf das viermal (I, 8. 16; II, 11; III, 16) wiederholte: Die Worte (Aussagen) des at'ai Diebes oder Häschers so und so: und darnach jedes Mal eine Reihe von Eigennamen mit Angabe des Berufes und des Vaters. Hinter den Namen am Schluss jeder Zeile steht eine Zahl, welche wahrscheinlich die Menge (das Gewicht) des von der genannten Person gestohlenen Metalls bezeichnet, wie sich aus den diesen Zahlen zuweilen vorgesetzten Schriftzeichen ergibt. So I, 9 χomt ṭebu ment Erz in Barren Pfund 35; II, 13 nub ket Gold kat 7. Durch die oben angegebene Ueberschrift wird die Reihe der Eigennamen in vier Abtheilungen zerlegt, von welchen die erste 7, die zweite 12, die dritte 23 und die vierte 3 Eigennamen enthält.

Die Rückseite dieses Papyrus enthält auf fünf Seiten, von welchen nur die vier letzten in ihrem Hauptbestandtheil erhalten sind, Zeugenaussagen in Betreff eines Diebstahls an edlen Metallen. Dies besagte schon die jetzt zerstörte Ueberschrift: Jahr 10 oder 12 Tag der Prüfung (𓏞 sap) des Zeugen user ... Aus den fünf erhaltenen Zeilen der ersten Seite geht hervor, dass es sich um einen Diebstahl von 2 oder 300 ten Silber und 89 ten, 8 Kilogramm Gold, zusammen Gold und Silber 389 ten handelte. Auf der zweiten und dritten Seite finden sich die wörtlichen Zeugenaussagen der Diebe über den Einbruch in das Haus des Goldes des Königs Rauserm-ameramon, worunter wohl das Grab Ramses II. oder III. zu verstehen ist.

Der Papyrus Harris Nr. II 499 ist ebenfalls auf Vorder- und Rückseite beschrieben. Er hatte eine Länge von $210^{3}/_{4}{}^{cm}$ auf 45·4 Höhe und bestand auf der Vorderseite aus sieben Columnen von 28, 41, 34, 32, 36, 32 und 17, zusammen 220 Zeilen nebst einigen Randnoten, auf der Rückseite aus neun Columnen mit 36, 15, 25, 25, 32, 30, 30, 30, 28 Zeilen, zusammen 251 Zeilen in ungefähr 45 Paragraphen. Die Schrift des Papyrus ist eine sehr kleine und schwer leserliche. Der Papyrus datirt (I, 1) aus dem ersten Jahre *nem mesu*, also Ramses X., diesen Tag gemachte die Untersuchung das Verhör der grossen Bösewichter wegen des Diebstahls den sie begingen in der Vorrathskammer *(u'ta)*. Es folgen die Fragen des Untersuchungsrichters (*t'eta*) und die Antworten der Zeugen. Sechs Verbrecher werden namentlich angeführt (1. Userha, 2. ... χonsu, 3. Nesuamon, 4. Aniχonsu, 5. Amonχau, 6. Hora), welche 10 ten 900 Gramm Silber stahlen und unter sich theilten. Nach der Rückseite des Papyrus fiel der dritte Tag des Verhöres auf den 7. Mesori des Jahres 1. Durch rothgeschriebene Worte wird der Anfang jeder neuen Zeugenaussage kenntlich gemacht. Ich möchte bezweifeln, ob ein eingehendes Studium dieser Rolle die Mühe lohnen wird. Die gerichtlichen Proceduren, die Eidauflage, Stockschläge zur Erzwingung der Wahrheit sind dieselben, welche uns aus dem grossen Papyrus Mayer bekannt sind. Auch dieser Papyrus hat an seinem unteren Ende durch die Explosion nicht unbedeutend gelitten. Von 32 Zeilen sind 23 vorhanden.

Der dritte der Harris Papyri 498, auch *A* genannt, hatte eine Länge von $128^{1}/_{4}{}^{cm}$ auf 43^{cm} Höhe. Auch er ist beiderseits beschrieben, hat auf der Vorderseite drei Columnen mit 12, 18 und 18, zusammen 48 Zeilen, auf der Rückseite vier Columnen mit 11, 28, 24 und 25 Zeilen, zusammen 88. Die Schrift ist etwas grösser, aber viel lückenhafter als der vorhergenannte Papyrus 499. Er ist vom Jahre 18 datirt, offenbar Ramses IX., ist daher ein Jahr älter als der eben beschriebene. Auch dieser Papyrus ist stark beschädigt worden. Er enthält lange Listen von Eigennamen und ein grosses

Protokoll über das bei den Dieben aufgefundene Gold und Silber.

Als ich mich im Frühjahr 1880 wieder in London aufhielt, machte mich der mir unvergessliche Dr. Sam. Birch auf einige Papyrusrollen des British Museum aufmerksam, gleichfalls Untersuchungsacten über Gräberdiebstähle, welche mir vorher unbekannt geblieben waren. Es sind dies der Papyrus Vasalli und der Papyrus der Mrs. de Burgh. Der Papyrus Vasalli besteht aus drei Blättern, welche beiderseits beschrieben sind, *A, B* und *C*. Es sind fünf verschiedene Stücke auf diesen drei Blättern enthalten. Das erste Stück befindet sich auf der Vorderseite von *A* und fasst drei Columnen von 19, 30 und 28 Zeilen. Die Ueberschrift auf Col. I besagt: Im Jahre (die Jahreszahl ist nicht mehr erhalten) unter dem König, dem Herrn beider Länder Raneferka-sotepenra (also Ramses IX.), Sohn des Ra, Herrn der Diademe wie Amon ...... geliebt von Amonra, König der Götter, Mut Chonsu in Ewigkeit. Das Gold, Silber, Kupfer, die Gegenstände, die gefunden wurden; geraubt hatten sie die Arbeiter ...... am guten Orte in Westen von Theben an dem Orte, wo sie niedergelegt waren. Nachdem Anzeige gemacht war an den Commandanten Xaemuas, den Vorstand; den grossen Alten, den Schreiber des Landes Unnofer. Wir finden hier also dieselben Beamten wie im Papyrus Harris Nr. I. Man bemächtigte sich ihrer sammt dem Gold, Silber und Kupfer. Grosse Bösewichter, welche an diesem Tage gefangen wurden: 31.

Die zweite und dritte Columne dieser Tafel bringt nun in sechs Abschnitten eine Berechnung über das, was an Silber, Gold, Bronze und Kleidern bei verschiedenen namentlich aufgeführten Dieben gefunden wurde. Es sind ähnliche Zusammenrechnungen von Metallen, wie wir sie aus den Schenkungen des grossen Harris kennen. Schon Herr Chabas hat sich derselben zur Ermittelung des Verhältnisses von *ten* und *ket* bedient. Wir lesen II, 15: Gefunden bei dem Diebe, dem grossen Verbrecher, dem Arbeiter Mesu, Sohn des Pentahor von dem Cher in seinem Behältniss *(tena)*. Unter den Verbrechern kommen dieselben Namen vor, z. B. *t'etamon* wie im Pap. Harris Nr. I, so dass beide Actenstücke zu dem gleichen Criminalprocess zu gehören scheinen. Es handelt sich dabei um beträchtliche Quantitäten. Col. III, 20 werden erwähnt an Gold und Silber 230 ten 8 ket. — Das zweite Stück des Papyrus Vasalli findet sich auf der Rückseite von *A* auf einem leer gebliebenen Raume. Es besteht aus einer einzigen grossen Columne mit 25 Zeilen und ist datirt vom 16. Mechir ohne Jahresangabe. Es behandelt die Empfangnahme *(šop)* des Goldes, Silbers, Kupfers und der Kleider aus der Vorrathskammer (Speicher im oberen Stockwerk [hieroglyphs] *šaramatá* cf. 1 Anast. XVII, 5, Chabas, Voyage, S. 52 und 70, der es mit „provisions" übersetzt, und Bondi, Dem hebr.-phönizischen Sprachzweige angehörige Lehnwörter, S. 72). Auch hier folgt eine detaillirte Aufzählung des empfangenen Goldes, Silbers, Kupfers und der Kleidungsstücke. Mit diesem Stücke füllte der Schreiber den Raum aus, welcher von einem grösseren Texte übriggeblieben war und schrieb, um ihn von letzterem zu unterscheiden, zu unterst zu oberst. Dieser grössere Text hat seinen Anfang auf der Rückseite der zweiten Tafel Vasalli *B* und setzt sich auf der Rückseite von Vasalli *A* fort. Er hat sieben Columnen, von welchen die vier ersten auf Vasalli *B* mit 26, 29, 28, 29 Zeilen, die drei letzten auf der Rückseite von Vasalli *A* mit 29, 29 und 15 Zeilen stehen. Datirt ist er vom Jahre 10 + 2 oder 3, vielleicht auch 17 den 13. Epiphi und führt den Titel: Verzeichniss ([hieroglyphs] *tuu)* der Stadt des Westens beginnend mit dem Hause des Königs Ramenma. Mit diesem Haus des Königs Ramenma ist vielleicht der Tempel Seti I. in Alt-Qurnah gemeint, wo sich der Name des Königs in dieser Anordnung Ramenmāt statt Ramāmen findet. Es folgt nun in sieben Columnen ein förmliches Häuserverzeichniss mit nicht weniger als 185 Namen von Hausbesitzern mit Angabe ihres Geschäftes, z. B. das Haus des Priesters Xerauncfer, das Haus des Gendarmen Userhat scanχ, das Haus des Gendarmen Horá u. s. w. Ob dieses Häuserverzeichniss zu den Acten eines der besprochenen Criminalprocesse gehörte, weiss ich nicht. Vielleicht war es von der Polizei, die Nachforschung nach den gestohlenen Gegenständen hielt, benutzt worden, vielleicht ist es aber nur zufällig zu diesen Acten gekommen, welche auf seine Kehrseite geschrieben wurden.

Ein vierter Text findet sich auf der Vorderseite der Tafel Vasalli B 1856 gezeichnet. Er gehört zur Gerichtsverhandlung vom 17. Jahr, 21. Phamenoth Ramses IX. und handelt von in der Nekropole geraubtem Gold und Silber, worüber der bekannte Commandant Xaemuas, der Prophet Bekenamon und noch zwei weitere Beamten Untersuchung führten. Wie in Harris Nr. I folgt ein deutlich geschriebenes Namensverzeichniss der Diebe (?), von welchen die ersten 14 Kaufleute (𓍯𓅓𓏌𓏥 šuti) sind. Bei jedem wird wieder die Menge Goldes und Silbers in *ten* und *ket* angegeben und diese Zahlen abtheilungsweise zusammengerechnet. Es heisst Z. 22: **Gold und Silber, welches gaben die Räuber an die Leute der Stadt**, auf Col. II: **zusammen Gold, Silber, Kupfer, gefunden bei** (𓅓𓏌) **den Dieben, den grossen Verbrechern des χer, der Nekropolis**. Die Gesammtsumme des gefundenen Goldes und Silbers der zwei ersten Columnen (es sind drei Columnen von 29, 26 und 25 Zeilen vorhanden) scheint 283 ten, also $25\frac{1}{2}$ Kilo betragen zu haben.

Noch finden wir im British Museum ein drittes Blatt C, Vasalli 1856 beschrieben, welches auf beiden Seiten Zeugenaussagen von verschiedenen Angeklagten enthält. Es ist vom Jahre so und so des *nem mesu*, also Ramses X. datirt. Die Schrift ist ziemlich deutlich, wiewohl klein und erinnert an die von Papyrus Harris 499, welcher auch Zeugenaussagen enthält. Auch hier handelt es sich um Diebstähle edler Metalle, welche durch Einbruch in den Corridor (𓊃𓏏 *set*) des Grabes des Königs Rauserma-meramon vollführt wurden. Es werden zehn Diebe als Einbrecher bezeichnet.

Endlich habe ich einen kleinen Papyrus der Mrs. de Burgh zu erwähnen, der im British Museum befindlich, wie der Papyrus

Vasalli die Zahl 1856 trägt, wohl das Jahr des Ankaufs von seiner ehemaligen Besitzerin. Er ist datirt vom Jahre 2, 23. Mesori, also wohl Ramses X. und beschäftigt sich ebenfalls mit der Untersuchung eines Diebstahles von Gold und Silber, welcher im Hause, wahrscheinlich dem Grabe des Rauserma-meramon, also Ramses II. oder III. begangen wurde. Er besteht aus drei Spalten.

Wenn wir nun die besprochenen Untersuchungsacten über Gräberberaubungen der Zeit nach ordnen, so gehört der Papyrus Salt, welcher nebenher auch die Beraubung eines Königsgrabes erwähnt, nach der begründeten Annahme von Chabas (Mélanges III a, p. 189 ff.) der Regierung Seti II. Menephtah an, wie der von anderen Diebereien handelnde Papyrus Anastasi VI. Die Haremsverschwörung des Pap. Devéria in Turin mit den Papyrus Lee und Rollin stammt aus der Zeit Ramses III. Die eigentlichen Untersuchungsacten der Beraubung von Königsgräbern fallen aber mit Ausnahme von Harris 498 verso mit dem Datum des 9., 10. und 12. Jahres in die letzten Regierungsjahre Ramses IX. (Raneferka) und in die ersten Jahre seines Mitregenten und Nachfolgers, so der Papyrus Abbott recto in das 16. Regierungsjahr Ramses IX. mit Erwähnung (Abbott IV, 16) eines früher ergangenen Urtheils vom Jahre 14. In das gleiche Jahr 16 fällt der zum Abbott gehörige Papyrus Amhurst. Dem folgenden 17. Regierungsjahre Ramses IX. gehört an Papyrus Harris Nr. I und der Papyrus Vasalli, dem Jahr 18 der Papyrus Harris Nr. III oder 498. Dem 19. Jahre Ramses IX. und ersten Jahre des *nem mesu*, Ramses X. die Rückseite des Abbott, der Papyrus Harris Nr. II 499 und der grosse Papyrus Mayer. Dem Jahre 2 des *nem mesu* der Papyrus der Mrs. de Burgh, und vom 6. Jahre des *nem mesu* stammt endlich das hier in Wien befindliche Register von Urkunden, die theilweise aus Aufzeichnungen von Regierungshandlungen und theilweise aus den obigen Untersuchungsacten bestanden.

L'usekh ⌒△⌒𓊨𓏥, collier de mérite pour le choix et l'aménagement des herbes fourragères.

Par
Ollivier Beauregard.

L'Égypte, qui dès les temps lointains de la dix-huitième dynastie — peut-être même auparavant — disposait d'un ordre de récompense pour le mérite civil et le mérite militaire, paraît avoir, vers la même époque, sollicité l'émulation des populations agricoles, par l'octroi de récompenses honorifiques à l'adresse des femmes les plus expertes, dans le choix et l'aménagement des herbes fourragères.

I.

A la page 510 du tome premier, deuxième partie, des Notices descriptives des monuments de l'Égypte et de la Nubie, il est écrit :

„On remarque dans les divers tableaux de ce tombeau — le tombeau n° 15 — 1° une jeune fille offrant deux petits vases suspendus à son petit doigt; 2° dans le groupe suivant, une femme à laquelle on vient de mettre le collier : ⌒△⌒𓊨𓏥.["1)]

Champollion a laissé sans interprétation cet ensemble hiéroglyphique : ⌒△⌒𓊨𓏥 et, dans la collection des planches, on ne trouve point, sous la rubrique du quinzième tombeau, les deux scènes qu'il signale d'ailleurs sans commentaire.

[1)] Ce mot est écrit de droite à gauche 𓊨𓏥⌒△⌒ dans les Notices descriptives.

C'est du groupe hiéroglyphique : [hieroglyphs], et de la scène dont il relève que j'entends m'occuper dans cette étude, pour en fixer l'interprétation et déterminer par là le rôle du collier dont il est question.

Il convient tout d'abord de faire observer que cette scène d'investiture du collier [hieroglyphs], attribué à une femme, fait partie de la décoration murale du tombeau d'un personnage qui s'intitule : [hieroglyphs] l'intendant général, flabellifère Rekhmara, justifié. Personnage considérable, de son vivant grand dignitaire à la cour du roi [cartouche] *Ra-men-khe-per*[1]) — Toutmès III, dix-huitième dynastie — qui se dit chargé de recevoir les tributs que viennent apporter les délégués des peuples vassaux de l'Égypte et dont le nom : [hieroglyphs] Rekhmara — [hieroglyph] *rekh*, savant; [hieroglyph] *ma*, comme; ⊙ *Ra*, le dieu-soleil — signifie : Aussi savant que le dieu-soleil. Toutes graves et solennelles circonstances, qui excluent absolument l'idée qu'il s'agit ici, dans la scène d'investiture du collier [hieroglyphs], d'un acte de banale coquetterie de femme à propos d'un colifichet.

Toutefois, comme en fait, nous avons affaire à une femme et que d'ailleurs, dans l'ancienne Égypte, ainsi que dans nos temps modernes, le collier a porté des noms et obéi à des exigences de formes qui variaient et se multipliaient en raison des circonstances auxquelles il devait satisfaire; il importe, pour que nous puissions, en connaissance de cause, assigner sa place à notre collier [hieroglyphs] que les noms et la signification des colliers dont usa l'Égypte de l'antiquité, nous soient au moins sommairement connus.

II.

Les dames égyptiennes ont, paraît-il, utilisé des parures qui, faites de perles et de pendeloques enfilées à la façon des grains de nos chapelets, pouvaient facultativement se porter en bracelet ou en collier.

---

[1]) *Ra-men-ta*, Soleil stabiliteur du monde, de Champollion.

Le nom égyptien de ces sortes de parure à double usage est déterminé par le signe : ◯, anneau.

Ainsi nous connaissons le collier-bracelet :

⟨hiero⟩ *auau*. La racine ⟨hiero⟩ *au* signifie ‚lire' ce qui nous autorise à penser que les dames égyptiennes suspendaient à ce bijou quelque amulette gravé de signes symboliques ou de devises.

Un autre collier-bracelet, le ⟨hiero⟩ *ant* semble avoir été plus simple encore; sa racine ⟨hiero⟩ *an* signifie : forme, apparence, et n'indique par son déterminatif qu'un anneau, grand ou petit.

⟨hiero⟩ *beb* et aussi ⟨hiero⟩ *beb*, empruntent de leur racine commune ⟨hiero⟩ *beb* : rond, cercle, et de leur déterminatif ⟨hiero⟩, leur valeur fixe de collier.

⟨hiero⟩ *ari-χeχ* et ⟨hiero⟩ *art-χeχ*, sont plus franchement encore des colliers, et la composition syllabique de ces mots semble même leur interdire de désigner autre chose que des colliers. ⟨hiero⟩ ou simplement ⟨hiero⟩ *ari* signifient : gardien ou compagnon et ⟨hiero⟩ *χeχ* signifie : cou, gorge ou gosier. Ces mots unis disent littéralement : gardien ou compagnon du cou, c'est-à-dire : collier.

⟨hiero⟩ *šabi* et aussi ⟨hiero⟩ *šabu*, copte ϣⲃⲱ, avec leur déterminatif ⟨hiero⟩, collier, se présentent dans des conditions analogues. Leur racine ⟨hiero⟩ *šabeb* signifie : cou, gosier, et le copte ϣⲃⲱ a le sens de : ornement du cou.

Le collier ⟨hiero⟩ *neb-en-bak*, littéralement : maître de l'épervier, n'était qu'une parure symbolique, il avait la forme d'un épervier aux ailes éployées.

La plupart des autres noms égyptiens du collier désignent plus explicitement le rôle attributif de cette sorte de parure, son emploi circonstanciel, et aussi, parfois, la matière dont il est fait.

Le collier ⟨hiero⟩ *habnir*, semble, par ces racines, avoir été composé de grains et de pendeloques en bois d'ébène et avoir servi de parure de deuil. *hab* signifie : deuil, chagrin, et *habni*, ébénier, ébène.

Les colliers *aper* et *aperu-u* font partie, semble-t-il, du menu mobilier funéraire destiné aux momies. *aprer-u* signifie : ornements de momies, et *aper-u*, le contenu des coffrets funéraires.

La racine première ou *aper* a le sens de pourvoir, équiper, munir, et la stèle du roi Piankhi, ligne 88, parlant du trésor royal, dit qu'il est : *aper em χet-neb*, fourni de toutes choses.

C'est encore à l'œuvre funèbre de la momification que paraissent appartenir les colliers : *sahu* et *sah*; car l'expression identique *sahu* a directement la signification : momie, momifier.

Le signe est le déterminatif habituel de tout objet qui a trait au vêtement, et couvrir une momie de bandelettes, c'est de fait, la vêtir.

Le *sah* est aussi le collier d'Ammon-générateur. Ce collier est formé d'une longue bandelette dont les extrémités viennent se croiser sur la poitrine du dieu.

Le collier *mennat* est celui des nourrices et des nourrissons. Le mot *mennat* signifie : mamelles, et *menna* signifie : nourrir, allaiter.

Le signe n'est qu'une partie du collier des nourrices, dont il est le déterminatif ordinaire, mais le mot reçoit aussi assez fréquemment, comme déterminatif, l'image complète du collier, avec attaches et contrepoids.

mennofer-t est le collier des souhaits obligeants et des belles-promesses. Il est une expression de sentiments gracieux et dévoués. Il est fort probable qu'il a été un présent de fiançailles. Les mots *men*, stable, fondé, établi, et *nofer-t*, bonté, dont il est fait, donnent à l'ensemble de cette expression la signification de stabilité dans le bonheur, c'est-à-dire bonheur constant. Le collier *mennofer-t* a dû être le bijou „porte-bonheur" de son temps.

Enfin le collier — le collier sans attribut restrictif — était exprimé dans la langue écrite de l'ancienne Égypte par le mot 𓅱𓊃𓐍 *usex*.

De la valeur primitive de sa racine, l'*usex* recevait un reflet de l'idée d'ampleur et d'étendue.

Ainsi, accentué du déterminatif 𓊛, barque, 𓅱𓊃𓐍 *usex* signifie : un grand bateau, et 𓅱𓊃𓐍 désigne une large salle à colonnes. Les mots 𓅱𓊃𓐍 et 𓅱𓊃𓐍 répondent à : large, largeur, vaste.

En somme, c'est d'une quinzaine d'expressions, dont la langue de l'ancienne Égypte avait l'usage pour rendre l'idée de collier dans ses diverses acceptions; et c'est à dessein qu'en passant en revue ces expressions variées, je me suis arrêté à chacune d'elles pour en analyser la composition.

Dès à présent, en effet, et sans qu'il soit besoin de les examiner à nouveau, nous pouvons juger que de toutes les dénominations égyptiennes du collier il n'en est qu'une seule qui soit suffisamment indépendante pour pouvoir s'adjoindre, comme complément attributif, le groupe hiéroglyphique 𓈖𓉐𓋴𓏏 des Notices descriptives de Champollion.

III.

C'est de l'*usex* 𓅱𓊃𓐍 que j'entends parler.

Ce mot désigne tout simplement un collier, et tandis que les autres expressions égyptiennes du collier, affublées par leurs racines de qualités particulières ou d'intentions attributives, spécialisent chacun des colliers qu'elles désignent et ne peuvent, chacune, s'entendre que d'une sorte de collier, l'*usex* entièrement libre, au contraire, peut s'accommoder de toute attribution circonstantielle.

Le groupe ⟨hieroglyphs⟩ *usex* doit à cette indépendance d'être l'expression phonétique du signe figuratif ⟨hieroglyph⟩, collier.

Cette même indépendance lui a valu d'être le titre du chapitre 158 du Livre des morts,[1]) et de s'étaler, de fait, sur la poitrine des momies comme attestation de l'état justifié du défunt. Rôle important, mais qui, dans l'ordre des récompenses suprêmes, n'est pas le seul qu'ait rempli le collier *usex*.

Pour les morts, attestation d'une existence honnête et bien remplie, l'*usex* a été, chez les vivants, l'attestation de la valeur guerrière et du mérite civil.

Sous ce rapport, avec l'*usex* nous entrons de plein pied dans l'histoire militaire de l'ancienne Égypte. Non pas que l'*usex* ait jamais, à ma connaissance du moins, joué le rôle triomphant du „tablier de cuir" de Kawèh le forgeron,[2]) de ‚l'Ancile' de Numa Pompilius, ou du „Labarum" de Constantin; mais parce que dans l'antiquité égyptienne le collier *usex* a joui d'une importance analogue à celle qu'ont de nos jours les divers insignes de mérite militaire ou civil, tels que médailles, croix et colliers, qui, chez nous aussi, tiennent par leur solennelle attribution au vif de notre histoire.

La survivance écrite de l'ancienne Égypte n'est pas muette d'ailleurs à cet endroit. Le mot ⟨hieroglyphs⟩ que le vicomte E. de Rougé lit *schua* et M. Henri Brugsch *fua*, a, chez l'un et chez l'autre, la valeur de notre mot : décoration, distinction. Et par tout pays, l'existence du mot atteste l'existence du fait.

Précisément les fastes connus de l'Égypte nous viennent ici en témoignage.

Ahmès, fils d'Avana, nous a laissé dans son tombeau son intéressante biographie : Sous Amasis, chef de la dix-huitième dynastie, cet Ahmès était devenu commandant supérieur des nautonniers. Il avait suivi et assisté le roi dans ses campagnes contre les Pasteurs, et il se vante, à plusieurs reprises, d'avoir

---

[1]) Dont voici la transcription complète : ⟨hieroglyphs⟩
[2]) Firdousi, Livre des rois. Histoire de Zohak et de Kawèh le forgeron, ch. V, t. 1, traduction de Jules Mohl.

été jugé digne du collier d'or et de l'avoir obtenu jusqu'à sept fois. [hieroglyphs], *dignatus ergo fui auro septies.*[1]

La stèle C 49 du Musée égyptien du Louvre nous fait connaître un autre Ahmès, surnommé Pensoub, à qui la décoration du collier d'or fut accordée quatre fois par les rois Amasis, Aménophis et Toutmès — de la dix-huitième dynastie — pour le récompenser de ses hauts faits militaires.

La stèle C 213 du même musée est par son ensemble plus affirmative encore de l'institution égyptienne que je signale. L'aire de cette stèle est divisée en deux registres. Sur l'un, un tableau, sur l'autre, un texte. Le texte nous apprend que le roi Séti Ier a accordé au fonctionnaire Har-Khem la décoration du collier d'or pour reconnaître ses services administratifs et militaires. Le tableau représente le roi Séti Ier assistant, au balcon de son palais, à la remise du collier d'or faite, par un de ses officiers délégué, à son zélé serviteur Har-Khem.[2]

M. Paul Pierret, dans les Mélanges d'archéologie égyptienne et assyrienne, relate, en l'empruntant à une publication de M. Dümichen, une autre scène d'investiture du collier d'or, et M. Henri Brugsch, dans sa Grammaire hiéroglyphique,[3] cite une stèle de Boulaq — vestibule n° 26 — qui dénonce un fait analogue : [hieroglyphs], une couronne[4] (fut) à mon cou comme fait le roi à (celui) qu'il a distingué.

Chabas — Mélanges, III — consigne la phrase suivante, ici tout particulièrement significative : [hieroglyphs], il me donna l'or des récompenses.

Le collier d'or qui, le plus souvent, n'est exprimé dans les textes que par le signe symbolique [hieroglyph], se composait de pendeloques faites de pierres précieuses, taillées ou allongées

---

[1]) Emmanuel de Rougé, Mémoire sur l'inscription du tombeau d'Ahmès, chef des nautonniers, p. 61.
[2]) Musée égyptien du Louvre, salle du rez-de-chaussée.
[3]) Page 18.
[4]) *Collier* serait le mot propre.

en ovales et aussi d'émaux cloisonnés de couleurs variées. Il se compliquait à l'occasion de plusieurs étages de ces sortes de bijoux. Aux jours de grandes solennités, le roi se parait de ces colliers aux rangs multiples. Ainsi, dans le Conte des deux frères, lorsque le roi sort pour voir les Perséas miraculeux poussés dans une nuit au pied du grand escalier du palais, il s'avance portant sur sa poitrine le grand collier de Khesvet.

Enfin si, de ces textes d'affirmation sans ambages, nous rapprochons le groupe symbolique *hor nub*, Horus d'or, Horus vainqueur, qui est l'expression de la victoire d'Horus sur ses adversaires, nous pouvons nous croire dûment autorisé à affirmer que l'Égypte reconnaissante a, de tout temps, honoré ses plus méritants serviteurs et que l'expression de sa reconnaissance, aussi simple que le devoir, fut tout simplement l'*useχ*.

IV.

Mais la prospérité de l'Égypte n'a pas été l'œuvre exclusive de la classe militaire.

La suprématie par les armes ne peut s'acquérir, se développer et se maintenir dans une nation qu'à la condition de trouver dans les ressources intellectuelles, agricoles et industrielles de cette nation, l'appoint, sans cesse renouvelé, des lourds subsides, qui sont indispensables à l'équipement, à l'instruction, à l'entretien d'une force armée considérable, toujours prête à entrer en campagne; et nous devons admettre, à moins qu'il soit possible de démontrer que le peuple égyptien n'eut jamais à son service qu'un esprit boiteux, qu'il a su, précisément aux jours de sa plus grande splendeur, directement et indirectement, pour la satisfaction de son intérêt bien entendu, témoigner à tous les agents de sa prospérité une équitable et prévoyante protection.

Or, c'est un fait bien avéré que des plus sûrs agents de prospérité qu'ait jamais connus l'Égypte, sans contredit le plus national et le plus libéral a, de tout temps, été la pratique régulière et soutenue de l'agriculture.

Le collier de mérite pour le choix et l'aménagement des herbes fourragères. 21

L'intelligent appareil de canalisation, dont la vallée du Nil a été pourvue dès les premiers jours de l'existence nationale de l'Égypte, atteste que les Égyptiens de l'antiquité en ont toujours jugé ainsi, et le soin qu'a pris dès l'abord le corps sacerdotal de l'Égypte d'élever dans ses spéculations religieuses et philosophiques, la pratique de l'agriculture à la hauteur d'une suprême et céleste récompense, ne laisse aucun doute sur le caractère d'importance majeure que les gouvernants de l'Égypte n'ont jamais cessé de reconnaître à l'œuvre des champs.

Dans ces conditions, il est assurément fort légitime de croire que l'Égypte a, de tout temps, eu soin d'encourager par des honneurs et de soutenir par des récompenses effectives, les artisans de sa vie quotidienne, à l'égal, au moins, de ses défenseurs éventuels.

C'est la logique du bon sens qui parle ainsi; nous verrons tout à l'heure que la logique des faits civils et religieux est tout aussi positivement affirmative. Mais avant d'aller plus loin il convient de fixer l'interprétation du groupe hiéroglyphique : [hiéroglyphes], attribut du collier dont Champollion signale la remise faite à une femme, d'après les peintures relevées au tombeau de Rekhmara.

V.

Champollion, ai-je dit, n'a pas traduit ce petit texte hiéroglyphique, mais, à la page 111 de son dictionnaire égyptien, on trouve la citation suivante : [hiéroglyphes], empruntée au propylôn de Nectanèbe à Philæ, et l'ensemble en est rendu par : offrande de fleurs . . . . . . à la mère.[1]

---

[1] Je n'ai rencontré ni trouvé, nulle part, car je l'ai cherché, le signe [hiéroglyphe] écrit au dictionnaire égyptien de Champollion, ce doit être là une erreur, et je crois que le signe à lire doit être [hiéroglyphe] *renp*, croître, pousser, rajeunir, renouveler; dans ce cas nous pourrions compléter cette citation par : offrande de fleurs *nouvelles* à la mère.

Le groupe initial de ce texte : ⌒/\⌒ est identique au groupe initial de l'ensemble hiéroglyphique ⌒/\⌒ 𓏏 𓏲 recueilli dans le tombeau de Rekhmara, d'où il semblerait résulter que nous devons traduire ⌒/\⌒ par : offrande.

Mais, d'une part, cette interprétation n'est pas donnée au Dictionnaire égyptien, dans les conditions où Champollion présente, le plus ordinairement, ses interprétations, c'est-à-dire comme le résultat d'une analyse raisonnée et appuyée des valeurs coptes correspondantes; d'autre part, nous savons que Champollion n'a ni suivi, ni revu personnellement le travail de transcription du Dictionnaire égyptien, publié sous son nom, et enfin nous constatons dans la traduction de ce même texte une négligence qui atteste bien l'absence regrettable de l'œil du maître.

Ce n'est pas en effet — toute réserve faite pour l'interprétation du groupe /\⌒, sur laquelle nous reviendrons — offrande de fleurs . . . . . à *la* mère que dit réellement le texte hiéroglyphique emprunté au propylôn de Nectanèbe, mais bien: offrande de fleurs . . . . . à *sa* mère. Différence en apparence assez légère, mais qui, en raison de la prétention d'être d'essence divine, constamment affichée et affirmée par les rois d'Égypte, constitue dans le sens et la portée de cette citation ainsi traduite, une faute que n'eut point laissé passer Champollion, s'il lui eut été donné de réviser ses écrits et de présider à la publication qui en a été faite.

Il convient d'ailleurs de faire observer ici que les signes /\ et /\ ont fort souvent été confondus et qu'on les trouve, même aux temps anciens, gravés ou écrits l'un pour l'autre.

Dans la Grammaire égyptienne de Champollion, au tableau général de correspondance des caractères hiéroglyphiques linéaires et des caractères hiératiques, donné en addition, figurent, *ad finem*, inscrits sur la même ligne et côte à côte, les deux signes /\ et /\ qui, ainsi présentés, semblent être d'égale valeur, au même titre que les signes ⌐⌐ et ⌐⌐ qui occupent de front la ligne supérieure.

Ailleurs, dans la Grammaire égyptienne, page 345, le signe ⋀ reste sans interprétation.

Cette confusion se rencontre même dans les textes originaux des meilleures époques.

Ainsi, au cours de l'inscription de la stèle du prince de Bachtan, le signe symbolique ⌒ *hotep* est itérativement écrit ⌒ et dans cette orthographe de transposition le signe ⌒ est, deux ou trois fois, remplacé par le signe ⋀.

A la ligne 16 de la stèle du roi Piankhi-Mériamen, le graveur a écrit ⋀ au lieu de ⋀ dans le membre de phrase : ⋀ 𓅓 𓎟 𓏏 𓏥, pourvus d'armes. Ce qui est une faute évidente, fait judicieusement observer M. Emmanuel de Rougé.

Enfin, pour me borner, dans l'épitaphe de l'Apis mort l'an 23 du roi Amasis, on trouve ⋀ pour ⋀ dans la phrase 𓂋 𓏏 𓉔 𓏏 𓈖 𓈖 *er-ta-ha-t-en-w*, „adjecit", il ajouta.

Cela dit, pour constater que la configuration à peu près identique des signes ⋀ et ⋀ a, de tout temps, motivé quelque méprise, il convient de remarquer que Champollion ayant, malgré son silence d'interprétation, par deux fois et dans des circonstances variées, répété sans modification le signe ⋀, c'est bien là le signe qu'il a entendu consigner dans ses Notices descriptives et dans son Dictionnaire égyptien et que, par conséquent, c'est bien au signe ⋀ que nous avons affaire dans l'ensemble hiéroglyphique ⌒⋀⌒𓀭𓏥, dont l'interprétation nous intéresse.

VI.

La lecture de ce petit texte ne présente aucune difficulté, et nous n'avons qu'à justifier celle du signe ⋀ ce qui ne sera ni long, ni compliqué, car ce signe se rencontre assez couramment en complément de son expression phonétique.

C'est bien ainsi qu'il se présente dans l'inscription murale qui consacre les fastes militaires de Toutmès III à Karnak, où il est gravé dans sa forme composée 𓏌𓏌 𓎟 𓅓 ⋀ *seseptu*.

Auguste Mariette l'a relevé dans le papyrus G. u. n° 8 du Musée de Berlin. Il figure là, dans sa double expression syllabique et phonétique pour rendre la même idée, de sorte que d'une phrase à l'autre les expressions se contrôlent.

C'est dans son Mémoire sur la mère d'Apis que Mariette le fait intervenir.

Il s'agit, dans le papyrus de Berlin, de taureaux noirs et blancs comme Apis. Leurs images sont accompagnées de légendes explicatives. On lit au-dessus du premier : [hiéroglyphes] ,figure cachée d'Osiris qui s'est orné de cornes'; et au-dessous du second : [hiéroglyphes] ,Osiris qui s'est orné de l'oreille du taureau'.

Nous avons ainsi, comme expression égyptienne de l'idée : orné, paré, dans la première phrase hiéroglyphique le signe symbolique [hiér.], et dans la seconde le groupe phonétique [hiér.] *sept*, ce dernier donnant la lecture du signe [hiér.].

Il est ainsi bien certain que l'ensemble hiéroglyphique [hiér.] que nous tenons de Champollion, doit se lire *er-sept-t-uah u.*

Cette lecture acquise ne nous donne que des mots bien connus à interpréter et cependant j'éprouve quelque embarras à les traduire ici. Non pas, certes, que les témoignages de saine interprétation me fassent défaut, mais, bien au contraire, parce que ces témoignages sont puissants et nombreux et que, de l'un à l'autre, ils se montrent quelque peu ondoyants.

Ainsi, comme nous venons de le voir, Auguste Mariette — Mère d'Apis — traduit le signe [hiér.] *sept* et son expression phonétique : [hiér.] *sept* par : orné.

M. Maspero donne à ce même mot le sens de : prudent, et estimant que le signe [hiér.] mis en affixe de son expression phonétique [hiér.], en augmente l'intensité naturelle, il traduit [hiér.] par : très prudent (Du genre épistolaire, p. 32, note 2).

M. Henri Brugsch — Grammaire hiéroglyphique, p. 102 — donne à [hiér.] le sens de : richesses, tandis qu'ailleurs

— Monuments — il traduit ce même signe (verbe) par: protéger.

Chabas — Médecine des anciens Égyptiens — dit de la pierre: ⟨hiér.⟩ *anar saptu*, qui entrait dans cinq formules médicales, qu'on lui croyait la vertu de rendre insensible à la douleur, ce qui attribuerait ici au mot *sapt* le sens de: modérer, calmer, apaiser, et ailleurs, — Mélanges, 1864, p. 143 — il traduit le mot ⟨hiér.⟩ accentué du signe △ comme déterminatif par: donner, mais avec le sens de: distribuer, car il s'agit là de grains divers à partager aux troupes.

Dans son Vocabulaire hiéroglyphique, M. Paul Pierret donne au mot ⟨hiér.⟩ *sept*, les sens multiples de: munir, préparer, disposer, nantir, fournir, protéger, et lui-même traduit ce mot par: protéger, dans son étude égyptologique: Livre d'honorer Osiris, p. 24.

Enfin je trouve — Journal Asiatique, septembre-octobre 1856, p. 236 — l'observation suivante qu'y consigne le vicomte E. de Rougé, sur le signe △, au cours de son Étude sur une stèle égyptienne: *sesput*, dit-il, est la forme composée du terme *sput*, écrit très habituellement avec l'objet triangulaire △. On le traduit toujours à merveille en le rapprochant du copte ⲥⲟⲃϯ ‚apparatus, suppellex, bona quævis', dit Peyron, et, comme verbe ‚instruere, reficere, preparare'. C'est un mot très important dans les inscriptions.

C'est, en effet, à l'occasion de la rencontre qu'il en fait dans l'inscription de Karnak — Annales de Toutmès III — que le vicomte E. de Rougé parle du signe △ dans les termes que j'ai rapportés et qu'il nous invite, pour l'interprétation de ce signe et de son expression phonétique ⟨hiér.⟩ *sept*, à faire un choix, suivant les circonstances, entre: ‚apparatus, suppellex, bona quævis', s'il s'agit de notre signe comme substantif, et ‚instruere, reficere, preparare', s'il s'agit de ce même mot comme verbe.

La marge est large, mais elle est bien arrêtée, et je crois n'en pas sortir en donnant au signe △ du groupe hiéroglyphique emprunté à Champollion, le sens de : choix, qui correspond à l'idée de prudence que M. Maspero a vue dans ce même signe, et aussi le sens de : aménagement, qui correspond au mot ‚apparatus', préconisé par Peyron comme interprétation du copte coût, dont E. de Rougé a judicieusement rapproché notre signe △. Dans ces conditions il est certain que △⌒ sera exactement traduit par : choix et aménagement.

Le signe 𓏲 n'offre point d'ambiguité, mais il a, dans l'usage, une élasticité d'intention qui varie avec l'objet auquel il s'applique.

Ainsi Henri Brugsch traduit [glyph] par : plusieurs fois, et [glyph] par : en outre, de plus.[1]) E. de Rougé donne à [glyph] la signification : multum bonum.[2]) M. Ed. Naville rend [glyph] par : il étala ses écrits.[3])

Sur un cercueil de la Bibliothèque nationale nous lisons : [glyph], scribe des ‚revenus' des biens sacrés.

Dans la phrase [glyph] que Chabas a traduite par : fournisseur d'eau, le signe 𓏲 a littéralement le sens de : ajouter.

Enfin [glyph] *uah-het* signifie : dilatation du cœur, et le mot [glyph] *baner* désigne un régime de dattes.

Le signe 𓏲 comporte donc un sens de collectivité à appliquer à l'objet, ou aux objets auxquels il se rapporte.

Ici, c'est au signe [glyph] que nous avons affaire comme déterminatif du précédent. Champollion assigne au signe symbolique [glyph] la valeur herbes et M. Maspero celle de herbages, plantes en général. Dans des circonstances spécialisées on le trouve aussi employé comme déterminatif de fleur; mais son emploi le plus courant lui attribue la valeur de herbes, herbages, plantes en général. Aussi, dans la phrase qui suit, il signifie herbes et il ne paraît pas qu'il y puisse signifier autre chose : [glyph]

---

[1]) Grammaire hiéroglyphique, passim.
[2]) Études sur une stèle égyptienne.
[3]) Inscription hiéroglyphique de Pinodjem III, p. 5.

Le collier de mérite pour le choix et l'aménagement des herbes fourragères. 27

[hieroglyphs] χer-mer-t-f sem-sen-uat-au-mafek, c'est-à-dire : avec son marais [et] ses herbes plus vertes que l'airain.[1]

Il convient d'ailleurs de constater que le signe [hieroglyph] figure dans la composition orthographique des termes les plus spéciaux à l'œuvre des champs; ainsi [hieroglyphs] signifie : terre cultivable; [hieroglyphs] herbes, [hieroglyphs] planter, [hieroglyphs] ouvriers des champs, [hieroglyphs] foin nouveau, [hieroglyphs] broussailles, herbes sèches, expressions où l'emploi, qui est fait du signe [hieroglyph], lui donne un air de rusticité qui semble être son bien propre.

En attribuant au groupe hiéroglyphique [hieroglyphs] des Notices descriptives de Champollion le sens de : ensemble d'herbes, herbes fourragères, je reste donc assurément dans les conditions d'une légitime interprétation.

Sur ces données d'interprétation reprenant à présent la phrase de Champollion, nous avons — avec *usex*, collier de mérite — „une femme à laquelle on vient de mettre le collier de mérite pour le choix et l'aménagement des herbes fourragères".

Ainsi complétée cette phrase de Champollion nous dénonce un trait des mœurs égyptiennes jusqu'ici resté dans l'ombre, et ajoute un chapitre aux chapitres déjà nombreux des us et coutumes de l'ancienne Égypte. Nous y reviendrons tout à l'heure, mais je dois auparavant en finir avec une objection possible.

J'ai signalé de faciles et fréquentes confusions entre les signes [hieroglyph] et [hieroglyph] et je me suis demandé ce qu'il adviendrait de l'ensemble hiéroglyphique emprunté à Champollion, si, au signe [hieroglyph] sur lequel nous avons compté, il nous fallait, par légitime rectification, substituer le signe [hieroglyph].

A ce sujet j'ai déjà fait observer que, Champollion ayant répété dans des occasions variées les groupes hiéroglyphiques [hieroglyphs] et [hieroglyphs] sans modifier en rien le signe [hieroglyph], nous de-

---

[1] J. de Rougé, Textes géographiques d'Edfou, p. 72.

vous croire que c'est bien là le signe qu'il a voulu écrire. Toutefois pour le cas possible d'une confusion, voici, tirée de l'objection elle-même, la juste réponse que j'y peux faire.

Avec le signe △ substitué au signe △, nous aurons, il est vrai, un autre mot et aussi une autre lecture, mais le sens que nous fournira ce nouveau texte ne s'éloignera que fort peu du sens donné par le signe △.

Nous rappelant que le signe △ permute avec les signes ⌒, ▭, ⌬,¹) et que le signe ⌒ mis à la suite d'un substantif indique l'abstraction et le genre féminin du substantif qu'il suit, nous lirons le groupe hiéroglyphique ⌒△⌒ *ret*, copte **рнт**, culture, et la phrase de Champollion se comportera alors de la manière suivante: „une femme à laquelle on vient de mettre le collier de mérite pour la culture herbagère".

VII.

Mais qu'est-ce que ce collier tout spécial et à quelle circonstance de la vie publique ou privée peut-il exactement répondre chez les Égyptiens de l'antiquité?

Dans la civilisation raffinée de l'ancienne Égypte, les femmes ont, de tout temps et dans la mesure de leurs facultés physiques, occupé, concurremment avec les hommes, une place fort considérable. Nous savons qu'elles avaient leur part de charges de cour, et quelques-unes même y ont tenu les fonctions de scribe royal. Dans le service journalier des temples on les voit presque aussi nombreuses que les hommes.

Une stèle du Musée de Leide, stèle qui relève des temps lointains de la XIIe dynastie, et qui provient du tombeau d'un personnage de cour nommé Suten-em-Hat, contient une énumé-

---

¹) Ainsi je trouve dans la grammaire de Champollion p. 79: *art*, pot au lait, et aussi *art-t*, pot au lait. Et dans le mot *pet-Isis*, notre signe △ a la valeur de ▭ ou de ⌬ ou de ⌒. Il en est de même dans le cartouche de la reine Amnaritis que j'emprunte à Lepsius (Königsb. 617).

ration de fonctionnaires sacerdotaux où chaque titre de prêtre est immédiatement suivi d'un titre correspondant de prêtresse.

Ainsi nous y lisons :

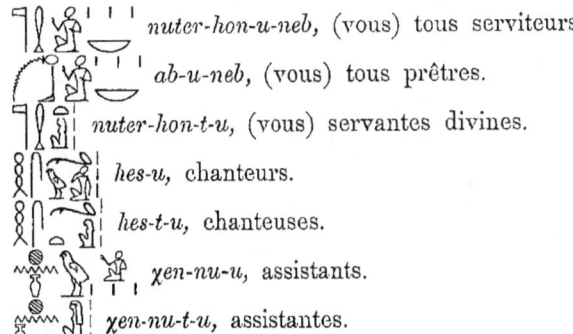

nuter-hon-u-neb, (vous) tous serviteurs divins.

ab-u-neb, (vous) tous prêtres.

nuter-hon-t-u, (vous) servantes divines.

hes-u, chanteurs.

hes-t-u, chanteuses.

χen-nu-u, assistants.

χen-nu-t-u, assistantes.

Cette énumération est édifiante, et la date de la XIIe dynastie, qui est celle de la stèle de Suten-em-hat, nous dit de quelle grande considération jouissaient les femmes égyptiennes plus de trente siècles avant notre ère.

L'admission des femmes égyptiennes aux charges de cour et aux fonctions sacerdotales n'est, toutefois, qu'une des formes de la haute considération qui, de tout temps, entoura la femme égyptienne.

Il ne nous est point revenu, que je sache du moins, d'actes et de contrats, qui nous fassent au juste connaître la condition juridique de la femme égyptienne aux jours du premier empire; mais les inscriptions, les peintures et les tableaux, gravés dans les tombeaux de cette époque, nous représentent la femme légitime comme l'égale de son mari; elle siège à ses côtés et porte le titre de *neb-t-pa,* c'est-à-dire : maîtresse de maison, titre qui la revêt d'une autorité et d'un prestige, bien souvent souverains, même à l'encontre du mari.

Les nombreux contrats démotiques que renferment le British Museum, le Musée de Berlin et aussi le Musée égyptien du Louvre, témoignent que cette condition privilégiée de la femme égyptienne s'est continuée jusqu'aux derniers jours historiques de l'existence de l'ancienne Égypte; tandis que les textes géographiques du temple d'Edfou attestent qu'à la cour comme au sanctuaire la femme égyptienne avait encore à l'époque ptolémaïque ses avantages honorifiques des siècles passés.

Le discours du roi, présentant à Hor-hut les nomes personnifiés de l'Égypte et les remettant à sa garde avec tout ce qu'ils contiennent et tout ce qui leur appartient, est en effet la constatation qu'à cette époque qui avoisine déjà l'éclosion de l'ère moderne de l'occident, les temples de l'Égypte sont, comme autrefois, pourvus de prêtres et de prêtresses.

Voici, sous ce rapport, copie de la partie du texte qui nous intéresse : [hiéroglyphes], c'est-à-dire : (avec) les prêtres aux invocations et les dames assistantes.[1]

Ainsi se trouve historiquement affirmée, à toutes les époques de l'existence nationale de l'ancienne Égypte, l'importance sociale de la femme dans le monde de la vallée du Nil; et, si à l'exemple des hommes qui, chargés des travaux de la guerre, recevaient, en conséquence de leurs services spéciaux, des récompenses spéciales, nous trouvons les femmes égyptiennes chargées, elles aussi, et tout spécialement, de missions publiques honorables et honorées, nous ne devrons point nous étonner de les voir, elles aussi, distinguées, à l'occasion de leurs bons services, par des récompenses spéciales.

VIII.

Entre autres fonctions publiques dont en Égypte furent chargées les femmes, il en est une qui exigeait d'elles une grande réserve professionnelle, une bonne dose de jugement, l'aptitude à l'observation et quelque connaissance pratique de la culture herbagère.

On sait la place qu'a tenue le culte d'Apis dans les institutions religieuses de l'Égypte. Apis, c'était la personnifica-

---

[1] Inscriptions et notices recueillies à Edfou (Haute Égypte) pendant la mission scientifique de M. le vicomte E. de Rougé, t. 2. Nomes de la Basse-Égypte. Discours d'offrande du roi devant les nomes de la Basse-Égypte, planche CXLIII.

tion d'Osiris, et Osiris résumait tout le cycle religieux de l'Égypte.¹)

Mais le jeune taureau tacheté suivant l'ordonnance, et, à ce titre prédestiné aux fonctions de dieu incarné, n'entrait point d'emblée dans l'exercice de sa charge. Avant de s'offrir en personne à la vénération des fidèles, Apis devait apprendre à se bien tenir, et à savoir au gré des prêtres, témoigner d'une mimique intelligible à tous venants. A cet effet, Apis subissait, paraît-il, un apprentissage de six semaines, et c'est à un collége de femmes qu'était dévolu le soin de cet apprentissage.

„Avant de venir à Memphis prendre possession de son sanctuaire-étable, le taureau sacré, dit Diodore, était conduit par les prêtres dans la ville du Nil et remis là aux soins des femmes préposées à son service. Quarante jours durant, Apis était là, en tout et pour tout servi par les femmes commises à cet effet.'²)

Eh bien! de toute nécessité, les soins à donner au taureau stagiaire, soins d'ailleurs multiples et divers, devaient comprendre, dans une série d'autres obligations, mais en première ligne, la connaissance exacte, et par là le choix raisonné des fourrages destinés à l'alimentation du taureau sacré.

Étudier ses goûts, discerner ses préférences, les gouverner et, au besoin, les établir et les commander, tel devait être, pour le bien de l'œuvre des servantes institutrices d'Apis, le programme à suivre, le but suprême à atteindre.

La fortune de chaque Apis, sinon toute la fortune du culte d'Apis dépendait de l'éducation première du taureau stagiaire.³)

---

¹) Voir Auguste Mariette, Mère d'Apis, passim.

²) Ὅταν δ' εὑρεθῇ, τὰ μὲν πλήθη τοῦ πένθους ἀπολύεται, τῶν δ' ἱερέων οἷς ἐστιν ἐπιμελές, ἄγουσι τὸν μόσχον τὸ μὲν πρῶτον εἰς Νείλου πόλιν, ἐν ᾗ τρέφουσιν αὐτὸν ἐφ' ἡμέρας τετταράκοντα· ἔπειτα εἰς θαλαμηγὸν ναῦν οἴκημα κεχρυσωμένον ἔχουσαν ἐμβιβάσαντες, ὡς θεὸν ἀνάγουσιν εἰς Μέμφιν, εἰς τὸ τοῦ Ἡφαίστου τέμενος· ἐν δὲ ταῖς προειρημέναις τετταράκονθ' ἡμέραις μόνον ὁρῶσιν αὐτὸν αἱ γυναῖκες . . . . . (Diodore, liv. I, p. 251, éd. Bipontine, 1793.)

³) „Le culte d'Apis était debout sous la cinquième dynastie,' dit Auguste Mariette (Renseignements sur les soixante-quatre Apis). Je crois que nous pouvons élever cette affirmation jusqu'à la quatrième dynastie. La rai-

En fonction de dieu, Apis en effet devait rendre des oracles. Il ne parlait pas sans doute; mais par son attitude dédaigneuse ou empressée vis-à-vis de qui lui présentait l'herbe sainte de la consultation, il indiquait aux prêtres de son sanctuaire le sens négatif ou affirmatif de la réponse à faire à la question posée.[1]

Sur ses préférences naturelles ou suggérées, il s'agissait donc pour parfaire l'éducation du jeune Apis de l'instruire à dédaigner tel herbage, et à désirer tel autre, et c'était alors l'affaire des servantes d'Apis de savoir correctement distinguer entre tel herbage et tel autre pour qu'ils soient, par division motivée, méthodiquement emmagasinés.

De là, pour les aspirantes à la fonction de servantes d'Apis l'obligation de témoigner d'aptitudes spéciales et, pour le collége des prêtres de Memphis, la nécessité de susciter des aspirantes à la fonction par l'octroi de récompenses et de distinctions honorifiques.

C'est dans ce sentiment de sollicitude spéculative de la part des prêtres de Memphis et d'ambitieuse émulation de la part des femmes égyptiennes que s'offre à mon esprit la scène d'investiture du collier *er-sept-uah-u* que signale Champollion, scène dont je trouve une expression plus complète au tome II, planche CLXXXVII des Monuments de l'Égypte et de la Nubie, et dont, à cette cause, voici la description.

---

son que j'ai de penser ainsi, la voici : Le nom de Memphis est le copte ⲙⲉⲛϥ et ⲙⲉⲙϥⲓ et le nom hiéroglyphique Mennefer. A l'analyse ce mot s'interprète par *men*, demeure; *nefer*, bienveillant = Osiris = Apis; pyramide, la ville. C'est-à-dire : La demeure d'Apis (est) la ville de la pyramide. Cette indication de ville de la pyramide désignant le siége d'Apis me semble avoir une valeur chronologique et attester qu'au temps de la quatrième dynastie, Memphis était déjà la métropole du culte d'Apis.

[1] Responsa privatis dat, è manu consulentium cibum capiendo. Germanici Cæsaris manum [manus] aversatus est, haud multo post extincti. Pline, Hist. nat., liv. VIII, ch. XLVI.

IX.

Cette planche CLXXXVII est tout entière employée à la représentation des scènes diverses de l'investiture religieuse d'un collier spécial.

Ce collier se développe, figurant assez exactement une fleur de lotus renversée, dont le calice verticalement tranché sur un seul point de sa circonférence extérieure, étalerait à plat ses pétales étagés en affectant une ligne courbe à la façon de ce dessin : 〰️.

Les personnages qui procèdent à la remise de ce collier sont des femmes vêtues d'une robe étroite faite d'étoffe légère. Leur tête est chargée d'une perruque noire à longues et nombreuses mèches roulées en spirales et retombant en arrière et sur leurs épaules.

Les novices se présentent agenouillées, accroupies sur leurs talons à la manière égyptienne, quelquefois isolées, quelquefois deux de front et le plus souvent par groupe de trois.

La remise du collier semble précédée d'ablutions et d'offrandes.

Les derniers registres de notre planche CLXXXVII se terminent à gauche par des chœurs de chanteuses et de musiciennes instrumentistes.

Ainsi que les planches dont les dessins ont été relevés au tombeau de Rekhmara, notre planche CLXXXVII est présentée sous la rubrique *Thèbes-Kourna*. Elle ne porte aucun texte, mais elle se rapporte si évidemment aux indications fournies par Champollion qu'elle semble être dans ses dispositions principales une répétition de la scène dont il parle à propos du collier *er-sept-uah-u* et de la remise qui en est faite à une femme.

X.

Par l'analyse et l'interprétation que nous avons présentées de l'expression égyptienne qui le désigne et le qualifie, nous savons ce qu'est par lui-même le collier ⟨hieroglyphs⟩ *er-sept-uah-u*, dont parle Champollion. Il est bon maintenant de connaître l'époque où l'institution s'en est produite et le milieu où elle a dû fonctionner.

Cette brève étude à faire nous expliquera, tout à la fois, les motifs qu'a pu avoir Rekhmara de célébrer cette institution à l'égal d'un fait historique et l'importance réelle qu'elle paraît avoir eue de son temps.

Rekhmara, nous le savons, fut un haut dignitaire de la cour de Toutmès III. Il tenait, dans le palais de ce prince, un poste de confiance, il se vante d'avoir été chargé de recevoir les envoyés des princes tributaires de l'Égypte et d'avoir présidé à la réception des tributs par eux apportés.

Suivant l'usage égyptien, Rekhmara, à n'en pas douter, a fait construire son tombeau alors qu'il était encore plein de vie. Il a désigné les sujets divers qui devaient y figurer en peinture, et c'est encore lui qui les y a fait exécuter.

Dans ces conditions il est certain que la scène d'investiture du collier de mérite ⟨hieroglyphs⟩ *er-sept-uah-u* que signale Champollion, relève, comme le roi Toutmès III lui-même, des temps moyens de l'existence de la dix-huitième dynastie.

Or, c'est Ahmès I — Amasis — chef de la dix-huitième dynastie, qui a eu l'heur de reconquérir définitivement la Basse-Égypte sur les Pasteurs, et c'est par là à la dix-huitième dynastie qu'a été dévolu le rôle glorieux de relever la Basse-Égypte de l'état fâcheux où la laissèrent les Pasteurs.

Ce qu'était alors l'état économique de la Basse-Égypte, on le sait assez.

Dans la campagne les canaux s'étaient comblés, le désert s'était avancé, l'agriculture était éteinte.

Dans les villes les édifices étaient détruits ou altérés, et dans l'esprit des populations les lois et la religion s'étaient oblitérées. L'œuvre de vingt siècles d'intelligente et féconde administration avait disparu.

Reprendre et mener à bien cette œuvre complexe et large ne pouvait être le fait ni d'un seul homme, ni d'un seul jour.

Tous les moyens d'action salutaire durent alors être employés. Toutes les bonnes volontés durent être sollicitées et l'émulation pour le bien est un auxiliaire trop sûr et trop puissant pour avoir alors été négligée.

Le tableau recueilli par Champollion dans le tombeau de Rekhmara, témoigne qu'en Égypte, au temps de la dix-huitième dynastie, l'émulation pour le bien avait déjà ses libres concours et ses lauréats.[1]

---

[1] Les deux siècles et demi d'existence qu'a fournis la dix-huitième dynastie, n'ont point suffi à l'accomplissement de sa tâche de réparation. La dix-neuvième dynastie a dû, elle aussi, donner son contingent d'efforts. Ce qui nous est revenu de la littérature de cette époque : l'écrit de Penbesa — Papyrus Anastasi III — le Conte des deux frères, du scribe Ennana, témoignent, à l'endroit de l'agriculture, de préoccupations encore vives en ce sens. C'est à Aménophis III, de la dix-huitième dynastie que le Sérapéum doit sa fondation, mais c'est à Ramessès II, Sésostris, de la dix-neuvième dynastie que cet Hypogée doit l'extension si considérable que nous lui connaissons.

On the Dispersion of Antiquities.

In connection with certain recent discoveries of Ancient Cemeteries in Upper Egypt.

By

Amelia B. Edwards, Hon. Ph. D. LL. D. L. H. D.
(Hon: Secretary of The Egypt Exploration Fund.)

I venture on the present occasion to return to a subject which I touched upon very cursorily in a paper submitted to the Congress of Leyden; and I do so, not only because I am profoundly convinced of its importance to the interests of history, but because recent discoveries have so multiplied the sale and purchase of Egyptian antiquities, that every argument which I deemed it necessary to employ three years ago has become in a tenfold degree more forcible and more necessary now. Within the space of these three years, several new and inviolate cemeteries have been brought to light in Upper Egypt at Ekhmîm; at Negada; at Taoud near Erment; at Edfû; and on the verge of the Libyan desert opposite Assûan. Of these, the necropolis of Ekhmîm, the ancient Chemmis, is the richest and most extensive. Like the necropolis of Memphis, it belongs to all periods of Egyptian History. It is found to contain interments as early as the time of the Pyramid builders, and interments of Greek and Roman date. Like the necropolis of Memphis, it also seems to be absolutely inexhaustible. Thousands of mummies have been disinterred during the last two years, and there are apparently thousands and tens of thousands yet to come. At Assûan, although but a few rock-cut sepulchres have as yet been opened, the results are surprisingly rich. Here again are found mummies of all periods—tombs dating from the Sixth Dynasty, and wholesale interments of the time of Roman occupation. One XIIth Dynasty tomb was found heaped to the roof with a solid conglomerate of Roman mummies, and another contained no less than 60 inscribed stelæ. There seems good reason to suppose that these tombs, which, like the Beni-Hassan grottoes, are ranged in terraces along the face of the cliff, are but the advanced posts, so to speak, of the long sought and hitherto undiscoverable necropolis of Elephantine.

Setting aside, therefore, all that may be found, and all that is being found daily and hourly in other parts of Egypt, it is clear that at Ekhmîm and Assûan alone we behold two mines of incalculable wealth, destined probably to occupy the spades of generations of diggers.

I need scarcely point out that as an inevitable consequence of these discoveries, the antiquity market in Egypt is flooded with objects more or less valuable. These objects (which are of course eagerly purchased by dealers and tourists) are no longer contraband, as in the old days of Mariette-Pasha. According to the wise and liberal régime introduced by my distinguished friend Professor Maspero, the fellâheen are now permitted to dig in places of their own selection, upon the understanding that they divide the result with the Boulak Museum. Thus Boulak is enriched, the work of excavation is encouraged instead of repressed, and the fellah is well content to pursue openly and with profit an occupation which he formerly pursued by stealth. He of course sells his half share of antiquities for what they will fetch on the Nile and in the bazaars of the large towns. Thus, by a variety of channels, a much larger number of objects finds its way to Europe and America than was the case five years ago. Moreover—and this point is important—the legalisation of native digging has dealt a fatal blow to the great manufacturing industry of Thebes. The ingenious Arab who forged every thing except mummies, finds it less troublesome to deal in real scarabs and Ushabti than to concoct sham ones; and consequently the objects now brought out of the country are mostly genuine.

My object in addressing the members of the Congress upon this subject is to urge the immense importance of obtaining some knowledge of the numerous private collections which are being thus rapidly enriched in Europe and America. Let us not undervalue the importance of such collections because they are obscure and unknown. I venture on the contrary to think that many a lost chapter of Egyptian history might be recovered, at least in part, from the cabinets of wealthy amateurs, most of whom are entirely ignorant of Egyptology, and of the value of their own possessions. I believe that the private collections of Great Britain alone might be counted by many hundreds, and those of the United States of America probably by thousands. I am not in a position to quote statistics as to the number of antiquities annually exported from Egypt by private buyers under the new régime, but we may reasonably conclude, that it is at least twenty times greater than under the old régime, when to sell was a breach of the law, and every purchased object was liable to confiscation. Yet, under that old régime a prodigious trade was carried on by the Arabs of Thebes and Ghîzeh. In 1874, for instance, a European agent resident in Cairo told me that he had that very season successfully passed and shipped no less than eighteen Theban mummies, the contraband property of as many tourists. This is but a single instance; yet doubtless some twenty or thirty other European agents were equally well employed. As for the more portable objects—scarabs, papyri, funerary statuettes, and the like—they may be estimated as having been exported by thousands every year.

I will take the familiar and famous case of the *cîche* at Deïr-el-Bahari—a mine which was certainly in full working order for at least 22 years before its discovery in 1881, and which we have good reason to believe was tapped some twenty years earlier still. Now in that same year 1874—the year of my own visit to Egypt—a very considerable number of important historical objects were sold out of that very *cache* to travellers on the Nile. The alabaster vases of Pinotem II[1]) (𓎼𓂧𓏏𓊹𓅆); the beautiful alabaster vases with painted lids of Queen Nesikhonsu[2]) [𓊹𓅆]; and the funerary papyrus of Prince Aa-ha-tat-f-Ptah-an-f-ankh[3]) [𓊹𓅆], called 'the royal son of Rameses', were purchased by friends of my own. I myself bought a fine funerary tablet painted upon sycamore wood, of Nesikhonsu, and various ushabti of Menkheperra, Pinotem II, and Rameses II. All these relics I have described in the Recueil de Travaux and the Leyden Album; therefore I now need only point to the fact that they were bought and sold in the course of a single week at Thebes, six years before the secret of that vault was betrayed.

We may deduce a moral, and ask ourselves what other treasures from the same source were in like manner bought and sold during the years which preceded and followed 1874. There are some suggestive gaps in the chronological sequence of the hidden royalties of Deïr-el-Bahari; and one cannot help suspecting that the successors of Sekenen-Ra (Ta-āā, Tāā-a-āā, and Kames, supposed to be the husband of Queen-Aah-hotep) may have completed the series of XVIIth Dynasty princes. From among those of the XVIIIth Dynasty, Amenhotep II, Thothmes II, the popular and venerated Amenhotep III, Queen Hatshepsu, Khou-en-Aten and Horemheb are missing, and from the XIXth Dynasty, Meneptah, Seti II, Amenmeses, Septah and Tauser are absent. Of the XXth Dynasty, Rameses III only has been found. Knowing the pious care with which Her-Hor and his descendants guarded the mortal remains of their illustrious predecessors, who can doubt that all these Pharaohs,

---

[1]) Now in the possession of D. Parrish Esq. Widmore Kent.
[2]) The property of G. B. Eyre Esq. Lyndhurst.
[3]) The property of Miss Brocklehurst, Danebridge, Macclesfield; this papyrus is known as the Brocklehurst Papyrus N° 1.

and probably their Queens and families, were deposited in places of safety? Perhaps another hidden vault, with its august tenants yet undiscovered and undisturbed, awaits some future explorer. Perhaps the Deïr-el-Bahari *câche* was not large enough to contain them all. Even so, however, we may be perfectly sure that Boulak does not possess all the mummies or more than a tenth part of the miscellaneous relics which that *câche* originally contained. I believe also that many antiquities supposed to have been brought from elsewhere, came in reality from Deïr-el-Bahari. But a few weeks ago, Professor Maspero most unexpectedly discovered the mummy of Ramses III in Queen Ahmes-Nefertari's coffin. Can any Egyptologist doubt that the Great Harris Papyrus was buried with Rameses III, or that it was sold to Mr. Harris by the brothers Abd-er-Rasoul out of the Deïr-el-Bahari *câche* in 1855? And this date—the date to which Mr. Harris referred his purchase—carries us back, be it observed, to thirty years ago.

Again, what are we to think of that curious discovery of the mummy of Queen Aah-hotep, lying with all her jewels in her painted mummy-case under a few feet of loose sand near the foot of the hill called Sheykh-Abd-el-Gûrneh, in 1859? Her great outer sarcophagus, by the way, was found *in the vault* at Deïr-el-Bahari in 1881. Much has been written upon the singular irreverence which led the Egyptians of the XVIIIth Dynasty to bury a royal personage of such exceptional sanctity in so careless a manner. My own impression is that Queen Aah-hotep had simply been brought thither from the depths of the Her-Hor vault by the owners of the secret, and that her mummy was temporarily buried in the sand till a convenient opportunity should arrive for transporting the plunder to Thebes. I also think that the mystery of the miscellaneous jewels found in her coffin is susceptible of a very simple explanation. No jewels, it will be remembered, were discovered with the Kings and Queens of Deïr-el-Bahari, for the reason no doubt that they had long since been taken out and sold. The famous jewels of Aah-hotep may perhaps have represented the final clearance, and have been collected from a dozen royal mummy cases. The state axe of Kames was found among them; a sign that Kames himself was once a tenant of that vault.

I have already referred to the large number of mummies which even in Mariette's time were smuggled out of Egypt by private travellers, and I have shown how probable it is that some of those Kings whose mortal remains were not found in the famous *câche* may very possibly be traced by and by to private collections. But what shall we say to the fact that the mummy of Rameses II, recently unbandaged at the Boulak Museum, was actually offered for sale to an American traveller in the year 1880? The American refused to believe in the genuineness of the article, and declined to deal; but the Arab, though no Egyptologist, knew the royal cartouche of the great Sesostris, and but for the fortunate incredulity of that tourist, the hero of Kadesh might at this moment be lying in a glass case in some modern palace in New York.[1])

To turn to a later epoch—the tomb of Nekhtanebo II must have been discovered in 1881, for in that year a large number of Ushabti and other funerary relics of this Pharaoh were sold into the hands of dealers and travellers. No one knows where that tomb was found, or what became of the mummy; but the question is one of more than ordinary interest. We have supposed that this Prince—the last native Pharaoh of the last native Dynasty—fled into Ethiopia before the Persian invaders, and there died; but if this were so, his funerary statuettes would not have turned up in Egypt. Could we discover into whose possession that royal mummy has fallen, could we read the inscriptions on his bandages, could we learn the whereabouts of his papyrus and of all else that was buried with him in his tomb, some very important pages would probably be added to the last chapter of the history of the Pharaohs.

---

[1]) I had this anecdote from a fellow traveller of the American in question.

I will not detain the members of this Section with any
further recapitulation of the inestimable objects of antiquity
which have already been lost to science. I will only entreat
them to give some consideration to the main question at issue,
and to take counsel together for the framing of some plan of
co-operation whereby students of Egyptology may aid each other
in the exploration of private and provincial collections. To this
end, a few savants might combine to form committees of en-
quiry and correspondence in three or four European capitals;
and not only Egyptologists, but archeologists generally, might
be invited to furnish intelligence of the whereabouts of collections containing Egyptian antiquities. Provincial Museums should
be visited, and their contents described and catalogued, thus
following the excellent example of M. Loret in the 'Recueil de
Travaux'. In the case of private collections, wherever such are
known to exist, permission should be sought to visit them, and
their contents be reported upon. A chain of enquiries thus star-
ted would surely result in many valuable discoveries. In proof
of the treasures which may be found in English country houses,
I need but cite the priceless Amherst papyrus in the possession
of Mr. Tyssen Amherst of Didlington Hall, Norfolk; the important fragment of papyrus belonging to Mr. Hood of Nettleham
Hall in the same county; the Brocklehurst papyrus No. 1, made
for Prince Aha-tat-f-Ptah-au-f-ankh, in Miss Brocklehurst's collection, Bagstones, Cheshire; the 2nd Brocklehurst papyrus so
frequently quoted by M. Naville in his volume of variants in
the *Livre des Morts,* a document now in the collection of
Mrs. Dent, Sudeley Castle, Gloucestershire; and the great func-
rary papyrus of Pinotem II, in the possession of Colonel Camp-
bell. To turn to provincial Museums, there is an important fragment of a judicial papyrus of the reign of Rameses IXth in the
Liverpool Museum; in the museum at Bristol there are some
mummies in good preservation, and several hundred antiquities
from Tanis and Naukratis, presented by the Egypt Exploration
Fund, of which I am the Honorary Secretary; and in the Museum at Bath there are several funerary stelæ of interest, none

of which are known beyond the walls of that institution. Among these last, I may cite the tablet of one Nebseni, [𓍹𓈖𓃀𓋴𓈖𓇋𓇋𓍺] a Scribe, and the tablet of a priest of Ur-Hekau, named Pen-Amen, [𓂸𓇋𓏠𓈖] both interesting from certain peculiarities of nomenclature, and both unknown and untranslated until now.

The tablet of Nebseni is of the period of the XVIIIth Dynasty. The style of the hair and the clothing of the personage represented, the absence of the title of 'Osiris' as applied to the deceased, and the general *cachet* of the tablet, suffice to date it with exactitude. Nebseni and his wife are seated side by side. Two of their children perform funereal rites for them before an altar of offerings, and overhead is sculptured the familiar device of two eyes and a ring. Nebseni is styled 'Scribe of the General' [𓋴𓈙𓌂] —that is to say he was a military secretary. The name of Nebseni is not uncommon at the time of the XVIIIth Dynasty, and it is to be remembered that the funerary papyrus of a personage of the same name, numbered 9900 of the British Museum, is one of the largest, and perhaps the most beautiful, in existence. The name continued in use down to the time of the XXth Dynasty, and it was the name of the father of Queen Hathor-Hont-Taui, whose mummy, as well as that of his royal daughter, was found at Deïr el-Bahari. The wife of our Nebseni of Bath is named Fu, [𓄿𓅱] 'the jackal'. Of the two daughters of Nebseni and his wife, the elder and taller bears the very singular name of Amenhotep—a name almost exclusively reserved for men. There are I believe but two other instances known of the name of Amenhotep being given to a woman—one found in an inscription at Silsilis dating from the reign of Thothmes I, and another upon a statue at Turin. The second daughter is named Hont-ur; and in the lowest register of the inscription, we find the names of six sons of the deceased. The inscription is of the ordinary kind and according to the usual formula. It runs thus; —

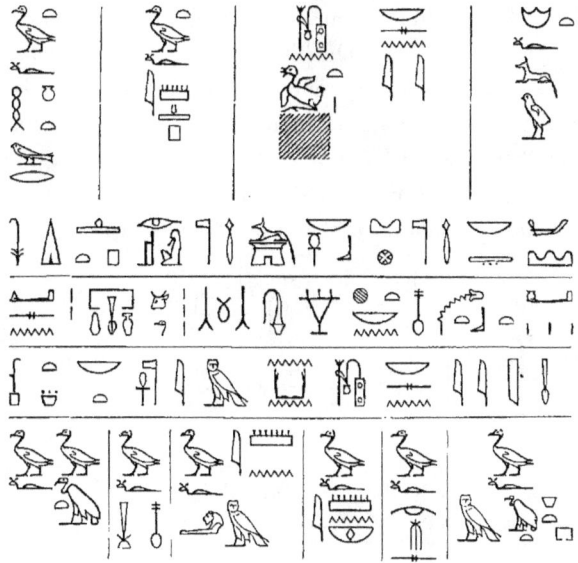

Translation.

'Nebseni, Scribe of the General. His wife Fu, his daughter Amenhotep; his daughter Hont-ur. Royal oblation to Osiris the Great God; Anup Lord of Abot, Great God of Taser. Give cakes, sepulchral meals, oxen, geese, clothing, incense, oils, all things good and pure, fruits, vegetables, all that upon which a God may live, to the Ka of the Scribe Nebseni, true-voiced. His son Semaut, his son Sen-nefer, his son Amenemhat, his son Amenheb, his son Aahmes, his son Maut-em-Usekht'.[1]

The tablet of Pen-Amen dates apparently from the early part of the XIXth Dynasty. The deceased was a priest of Ur-Hekau, sometimes called Urhekat—a somewhat uncommon form of Hathor.[2] Clad in the priestly panther skin,

---

[1]) This is properly the name of a woman; perhaps the feminine determinative, ⌒, has been accidentally omitted by the sculptor.

[2]) 'Urhekau', or 'Urhekat', is represented sometimes with the head of a lioness, under which form she is scarcely to be distinguished from Bast, Sekhet, Menhit, and Tefnut; sometimes with a human head; and sometimes, as in the present tablet, with the head of a serpent crowned with the

Pen-Amen offers a libation to Osiris and Ur-Hekau, in a vase of the shape called 'Nem'. On his feet he wears re-curved sandals. Pen-Amen is not a common name. Lieblein has but one instance of it, from an inscription in the British Museum; and I may mention that I have in my own collection a funerary statuette of one Pen-Amen, possibly the man of the Bath tablet. The inscription upon this tablet is as follows:—

TRANSLATION.

'Osiris dwelling in Amenti; Ur-Hekau; the Osiris, the Divine Prophet of Ur-Hekau, Pen-Amen, true-voiced. Royal Oblation to Osiris dwelling in Amenti, and to Ur-Hekau. May they give thousands of cakes, thousands of libations of beer, thousands of oxen, thousands of geese, thousands of good and pure things to the Ka of the Divine Prophet, Pen-Amen, true-voiced.'

modius. In two stelæ of the XXth Dynasty in the Museum of Boulak, Urhekau is represented with the serpent head, and the modius surmounted by two feathers (see Catalogue Général d'Abydos, Mariette, p. 448). She is also sometimes seen with only the serpent head, and no head-dress (see Mariette, Denderah, vol. III, p. 36.). That Urhekau, besides being a form of Hathor, is actually identical with Bast and Tefnut, seems to be conclusively proved by an inscription (tempo Rameses III) at Medinet Habû, which styles her thus:— 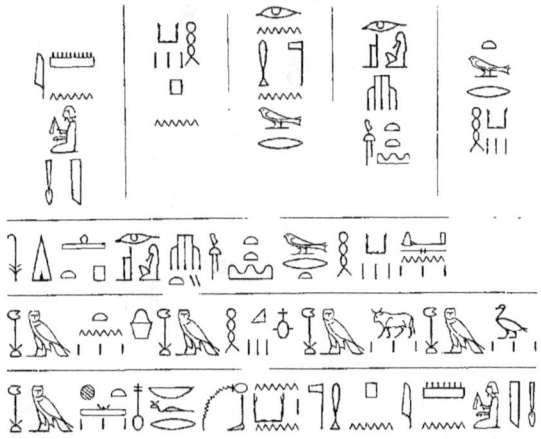 i. e. 'Sekhet Bast Urheket, Lady of Heaven, Queen of all the Gods'.

L'art antique égyptien dans le Musée de Leide.

Par

W. Pleyte
Conservateur au Musée d'antiquités des Pays-Bas.

Les objets que je vais traiter se trouvent dans notre Musée Néerlandais d'antiquités à Leide.

Tous proviennent de tombeaux, monuments que le savant directeur du Musée, M. le Dr. Leemans, a fait connaître dans le grand ouvrage intitulé: Monuments égyptiens du Musée d'antiquités des Pays-Bas à Leide.

A l'exception d'un seul, la stèle en albâtre, j'ai choisi neuf objets, tous plus intéressants les uns que les autres; du reste, la seule chose qu'ils aient en commun, c'est qu'ils proviennent tous de dynasties antérieures à la sixième.

1. Je décrirai, premièrement, le sarcophage, marqué L. 1, long de 263, large de 129, haut de 138^{cm}. Il est déjà connu par la publication Leemans; mais j'ai à relever que le tombeau d'où il provient probablement a été décrit dans la publication des Mastaba, de feu M. Mariette, par M. Maspero. On y lit, à la page 433 „*Saqqarah.* F. 3 T. douteux. Tombeau ⌣ Catalogue (rien au dossier) *Planches.*‛ Malgré la brièveté de cette notice, je crois pouvoir admettre que c'est bien là le tombeau où a été trouvé notre sarcophage, beau monolithe de granit rose, dans lequel était enfermé un second sarcophage, en pierre calcaire, de dimensions plus petites, que nous possédons aussi dans notre Musée. Le grand sarcophage reproduit la forme d'une de ces maisons des anciens temps, qui se construisaient

en bois, comme nous l'avons tous remarqué, et dont on trouve sur les parois des tombeaux des dessins coloriés avec beaucoup de goût. Il appartenait jadis à [hieroglyphs], nom que le Dr. Leemans lit *Sanofré* et que j'ai cru devoir lire *Mennofer*.

L'initiale, quoique bien ciselée, n'est pas commune, Mariette l'a probablement considérée comme une variante d'un signe mieux connu, savoir la figure [hieroglyph] *χem*. Ce *Xemnofer* était [hieroglyphs] *tai-sab*, juge en chef, Brugsch, Dict., Suppl. 11, 1307.

[hieroglyph] *t'a*, gouverneur, stratège.

[hieroglyphs] *χerheb*, porteur de l'écriture, hiérogrammate; titre d'honneur des Taricheutes ou Paraschistes. Br., Dict., Suppl. 968.

[hieroglyph] d'Anubis, Seigneur d'Assiout, Sasut [hieroglyphs] Sijout, Lycopolis.

[hieroglyphs] *am-ut*, qui réside dans le séjour de l'embaumement.

[hieroglyphs] *nuter-hon*, prêtre, prophète. Nous avons donc là le sarcophage d'un représentant du pouvoir suprême à Lycopolis, à l'époque de l'ancien empire; il cumulait les dignités de chef du jury, de gouverneur, de grand-prêtre, et de prophète.

2. Voici en second lieu une stèle. Cette belle pierre en albâtre rappelle la stèle de Sétenes, de Ferai et de quelques autres de l'ancien empire. Elle a été cassée en trois morceaux, mais est peu endommagée; les figures et les hiéroglyphes sont restés entièrement intacts.

On y voit représentés deux personnages, devant une table à offrandes. L'un présente un profil singulier, et a la tête couverte d'une chevelure frisée en petites boucles, qui sont indiquées par des cercles tracés autour d'un point, comme cela se voit dans les représentations de casques; pourtant, quoique la chevelure soit crépue, la physionomie n'est pas celle d'un nègre. Ce personnage est enveloppé d'une longue tunique, attachée par un nœud, sur l'épaule gauche; la poitrine et le bras droit sont entièrement nus : près du cou, on distingue les clavicules.

Cet homme s'appelait [hieroglyphs] *ab-en-neb*, nom que je traduis par *joie du maître*. C'était un [hieroglyphs] *suten-reχ*, de parentage royale.

[hieroglyphs] *mer-ha,* préposé à la maison du roi.

[hieroglyphs] *χerp-mater,* administrateur des domaines.

Ce dernier mot se rencontre aussi dans le tombeau de [hieroglyphs] *Šeri,* Mastaba, p. 92, de l'époque de Sétenes, où il semble être le titre attaché à une haute fonction; ce titre est écrit [hieroglyphs]. Mais sur la statue de Rahotep, on lit le titre [hieroglyphs], [hieroglyphs], ce qui décide la question en faveur de la traduction de *domaine.* Notre *ab-en-neb* était donc un chambellan quelconque; auprès de lui est son assistant, muni du sceptre et du bâton, avec la chevelure de l'époque : son nom n'est pas écrit.

Devant ces deux personnages est placée une table à offrandes, et au dessus sont figurés une oie ou canard rôti, deux vases à vin, accompagnés du mot *arp,* et un bassin surmonté d'un vase à libation, et accompagné du signe [hieroglyphs]. Ce signe détermine dans d'autres exemples les groupes *nini* et *ia,* asperger, purifier. Toutefois, dans les listes d'offrandes qui sont connues, il figure comme déterminant le signe [hieroglyphs] *kbh,* libation, rafraîchir, vase à libation. Derrière la table une série d'offrandes est énumérée. Premièrement on voit une construction en bois, surmontée de deux éperviers, là dessous deux feuilles de lotus, signe ordinaire pour *χa* mille, indiquant une grande quantité. On serait tenté de tenir ceci pour la figure de deux oiseaux sacrés, posés sur leur perchoir, au dessus de leur cage, comme un perroquet devant son auget, et représentant le soleil en qualité de dieu du sud et du nord. Mais cet échafaudage signifie dans les anciens textes des Mastaba, qui mentionnent les offrandes, seulement le mot *atam,* rouge, rougeâtre; ici deux étoffes sont indiquées, l'une fabriquée ou tissue d'un seul fil [hieroglyphs], l'autre de deux fils, comme le Dr. Brugsch l'a suffisamment expliqué dans son Dictionnaire, Suppl., p. 173 et 922. On lit ensuite le mot [hieroglyphs] *tep-ha.*

Ce groupe est écrit au dessus de cinq offrandes (Mastaba 79) déterminées par des pots de formes diverses. Ce sont probablement tous des viandes conservées, ou quelque chose de pareil,

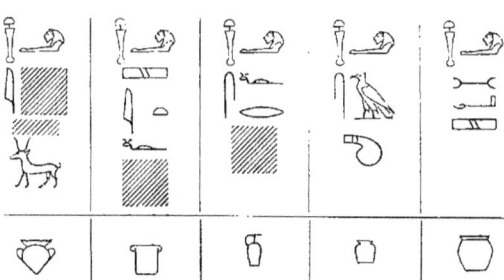

et puisque dans quelques textes *ha* désigne l'épaule d'un animal, par ex. 〈hiero〉, viande de l'épaule; Mastaba, p. 258, 383, il pourrait signifier ici cette partie du corps de divers animaux. Le texte est trop mutilé pour permettre de décider la question. Il se pourrait donc que 〈hiero〉 signifiât un morceau de l'épaule d'un animal, d'un bœuf; ou bien que ce soit la forme très raccourcie de la désignation de l'essence des huiles qui sont nommées *hatet* dans les listes d'offrandes. 〈hiero〉 *ab*, signifie le baume, comme je l'ai fait remarquer dans mon étude au sujet du *cœur*, dans la publication que nous avons dédiée au Dr. Leemans. Le signe suivant 〈hiero〉, un sac (?) ou quelque pièce de viande, se lit dans les listes d'offrandes 〈hiero〉, peut-être un morceau comme le beefsteak. Au dessus des têtes des animaux, on lit ordinairement 〈hiero〉 *rn* 〈hiero〉 ou *renen*, comme au dessus des animaux entiers, destinés aux offrandes sur les parois des Mastaba. Ce mot pourrait signifier l'animal vierge.[1]

Les deux personnages de notre stèle représentent l'individu et son double ou *ka*, qui l'accompagne comme son meilleur ami. *Ab-en-neb* était donc un haut fonctionnaire de royal lignage sous l'ancien empire. Si nous comprenions tout-à-fait en quoi consistait la fonction de χοɾρmater, cela permettrait de préciser son rang.

---

[1] Pierret „Explication". Abondance. Les têtes d'oie et de canard complètent la série.

3. Mon troisième objet est un groupe, marqué V. 77, haut de 48^{cm}. Deux personnages assis, de style très primitif. Le monument pourrait provenir d'une époque relativement récente; mais ce qui me paraît plaider en faveur de son antiquité, c'est l'irrégularité des hiéroglyphes et le manque de fini de l'ensemble; Mariette a observé cette même grossièreté, dans quelques monuments archaïques, Mastaba, p. 69 et 70.

Les personnages sont un homme, coiffé à l'antique, assis à côté d'une femme, vêtue d'une longue robe; près de l'homme on lit ⌬ tata, il frappe. Auprès de la femme, son épouse, il y a ⌬. Le signe initial est grossièrement écrit, et je n'ose donc pas me prononcer sur ce qu'il signifie. Serait-ce un pion à jouer? Alors on pourrait le lire ab-nt-atef-s, délice de son père.

A côté de l'homme se tient une femme, debout, plus petite de taille, la main droite étendue vers lui, la gauche tenant un seau à libation. On lit derrière son dos ⌬ henen, un vase et ⌬ Aker-ma-χru. Aker (la savante, la justifiée) pourrait être le nom de la fille.

La dédicace porte „offrande royale à Anubis', le chef de sa montagne, le Seigneur de la terre bien organisée ⌬ ⌬ offrandes à l'honorable.

Ce monument, si je l'ai bien classé, est intéressant pour son antiquité et comme échantillon d'un art primitif qui s'y montre.

4. Voici maintenant un groupe de beaucoup plus grande valeur que possède aussi notre Musée. Il est marqué D. 125, et est haut de 71, large de 56^{cm}. C'est une merveille de travail, de même que les statuettes de Rahotep et de son épouse Nefert, de style analogue. Ce sont deux femmes peintes en jaune, à cheveux droits et noirs, placées à côté d'un homme nu, peint en brun jaunâtre, qui porte au cou une marque de distinction, chaînette et cache ou pierre précieuse. La légende nous apprend que c'est une princesse avec son *ka* ou *double* à côté d'un scribe. Le scribe s'appellait *Xennu*, nom déterminé par un voyageur, avec un bâton et un sac de voyage sur

l'épaule; χennu signifie aussi un voyageur. Il était [glyphs] sehet'-honka, titre qui désigne un rang élevé parmi les prêtres qui s'occupaient du service religieux de la nécropole, sous-préposé aux prêtres. La dame auprès de laquelle il est figuré, était de famille royale; c'était une princesse chargée de la surintendance de la parure royale. A. Erman, Aegypten [glyphs] suten-χakeru-t. Elle était [glyphs] χorp-t-sah, administratrice de la grande hypostyle du palais, et elle était préposée [glyphs] mer-as-šen, à la chambre des cheveux, de la chevelure ou coiffure. Son nom est déjà connu. Elle se nommait [glyphs] Merti-tefes, celle qui aime son père; elle a vécu sous Snefru et ensuite jusque sous Chafra. Elle était l'épouse du premier, et resta attachée au palais de Xufu. Sous Xafra elle était amχ, dévouée, attachée à la cour, honorable. Voilà sous vos yeux son portrait bien ciselé à côté de celui de Xennu, son secrétaire.

Il se pourrait que ce fût ce dernier qui a fait exécuter ce monument pour son propre tombeau et que le Mastaba connu d'un Xennu ait contenu notre groupe. Mariette, p. 184.

5. Voici encore les photographies de quatre statuettes. Les deux premières, en grès granitique, sont de même modèle et représentent chacune une personne assise sur un siége. Elles sont marquées D. 94, 93, haut 65 et 75^{cm}. Le style général est simple, sans ornements. Entre les jambes, et sur le šenbi sont ciselés quelques hiéroglyphes [glyphs], que je ne saurais expliquer que par „attaché à la demeure des hiérogrammates, le Pa-anχ". Le nom manque. C'est le pendant de la statue d'Amten, qui se trouve au Musée de Berlin. Leps. Denkm. II, 120 a—e, de même que le suivant;

6. aussi très-ancien, habillé comme un Taricheute ou χer-heb, avec des épaulettes fort singulières, qui lui descendent sur la poitrine [glyph] et sur lesquelles on lit, aux extrémités, sur la poitrine [glyphs] ha-sau-neχen, „gardien en chef de Neχen, nommé Anχ-teχ". Le même titre se rencontre sous la forme de [glyphs] „l'héritier, chef gardien de Neχen, Nofre-mat, la belle vérité". Mariette, Monum. divers 20. La ville de

Neχen était très considérable sous les premières dynasties.¹) Le nom de Anχ teχ est douteux; le second signe 〖〗 paraît être un bouton de fleur; qui me semble valoir le signe 〖〗 e; mais il se pourrait qu'il se prononçât autrement.

7. 8. Les deux autres statuettes, l'une en pierre calcaire, marquée D. 96, haut 82, l'autre en basalte, marquée D. 20, haut 32ᶜᵐ, ne portent point de noms, mais ce sont des échantillons du plus beau style égyptien de la meilleure époque, et en cette qualité elles méritent notre attention.

9. La dernière pièce est une table à offrande ronde, en albâtre, finement ciselée et bien conservée. Elle contient le nom du mort 〖〗 tufta'. Ce nom est écrit à côté de sept godets à brûler l'encens.

Il y a encore cinq petits patères dont deux au-dessus et trois au-dessous du signe *hotep*, et où se trouve le nom du personnage, avec ses titres écrits autour du bord 〖〗 et au bas de la table la variante 〖〗. 〖〗 est écrit de deux manières 〖〗. Le défunt était un des trente grands du Sud, un 〖〗 et de plus un 〖〗 administrateur des 〖〗 *seχem-step* ou un *seχem* du *step*, maître du *step*.

Brugsch traduit *step* dans la combinaison de *step* 〖〗 par: „Anleger des Talismans des Königs". La variante de *step* paraît être ici *sa*, et il se pourrait que dans *stepsa*, *sa* ne fût que le déterminatif du mot *step*, qui peut alors signifier quelque chose comme talisman. Maître du talisman est une fonction dont je ne saurais déterminer la nature avec précision. Les offrandes sont les connues : l'encens, *ntr-sonter-u*, les sept huiles, dont les noms sont écrits au-dessous des sept godets, *set het, haken, seft, naśm, tout, hatet-aš, hatet-tahennu* et ainsi de suite.

Tous ces monuments se distinguent par un realisme pur, joint à une habilité d'exécution qui savait manier la pierre comme

---

¹) C'était le nom du quartier de Neχeb où se trouvait le temple d'Eileithya de Uot' ou Buto, l'Elkab de nos jours, chef-lieu du 3ᵉ nome de la Haute Égypte.

si c'eût été de l'argile ou de la cire. Ces œuvres ont évidemment derrière elles de longs siècles de tradition artistique pendant lesquels on a appris par une minutieuse observation des modèles et par une longue pratique des outils à dessiner, à modeler et à sculpter ces objets avec une si grande perfection d'imitation. Le basrelief est très peu élevé, et plein d'expression, malgré la stabilité des visages; mais cette stabilité n'est pas de l'immobilité. Ce sont des portraits en quelque sorte idéalisés; ceux qu'ils représentent ne rient pas, ne pleurent pas, ne sont pas sévères non plus; ils sont calmes. C'est ainsi que les Égyptiens se figuraient leurs *ka* ou doubles. L'art du basrelief, puis la statuaire sont parvenus à cette perfection inconnue ailleurs par un effet de respect pour le *ka*; c'était un véritable culte des ancêtres; le tombeau en était le centre, et c'est de là qu'est sortie l'architecture pour se cultiver au point de finir par atteindre au style dorique, dans les tombeaux de Beni-hassan.

Les besoins de ce culte ont poussé à agrandir la place vide, ménagée dans le rocher, premièrement sous la forme de parallélipipède; le parallélipipède devint bientôt octogone, ensuite il eut seize plans et à la fin on l'orna de cannelures.

L'art égyptien, si remarquable par l'habilité consommée des ouvriers et cependant plus que cela; il s'y trouve un commencement d'idéalisme qui fait que ce n'est plus l'imitation pure et simple de l'art primitif. C'est dans la statuaire surtout, que ce caractère a commencé à se montrer; l'architecture, fille du culte des ancêtres, ne vint qu'après. Les Égyptiens n'ont cependant fait que les premiers pas dans cette voie. Leurs disciples, les Grecs et les Romains, affranchis du formalisme sacré des Égyptiens ont appris d'eux les règles, la science, mais ont su les employer pour faire entrer une nouvelle vie dans leurs œuvres d'art. Leur plastique et leur architecture ont créé des chefs-d'œuvre, comme le Partenon, et pavé la route aux Rafael et aux Michel Ange, c'est-à-dire, aux artistes moralement cultivés, qui reçoivent leur inspiration d'une religion qui assigne la perfection comme but de l'existence.

Notes de linguistique africaine.
Les Puls.
Par
Th. Grimal de Guiraudon.

Si, depuis une trentaine d'années, et grâce à des travaux surtout anglais et français, la connaissance isolée des langues parlées par les indigènes de l'Afrique occidentale et méridionale[1]) a fait des progrès relativement considérables, il faut constater, d'autre part, que l'étude comparative de ces langues est encore, pour ainsi dire, à l'état rudimentaire. Ce n'est pas que de nombreuses classifications n'aient été proposées, que même quelques travaux d'ensemble n'aient été publiés; mais classifications et travaux d'ensemble sont tellement insuffisants qu'aucun d'eux ne peut supporter un examen critique sérieux : faits avec une hâte regrettable, ils ne sauraient répondre aux besoins d'un sujet aussi vaste et aussi complexe, dont nous sommes assurément encore bien loin de posséder tous les éléments.

Il ne suffit pas, en effet, de feuilleter rapidement quelques grammaires et dictionnaires, de comparer entre eux quelques versets de la Bible empruntés à des traductions plus ou moins sûres, pour pouvoir en déduire des liens de parenté entre des idiomes souvent si dissemblables, et conclure de là à des rela-

---

[1]) Je laisse complétement de côté, dans cette notice, les langues de l'Afrique orientale, dont mes loisirs ne m'ont pas encore permis d'aborder l'étude, et dont la connaissance nous a été presque entièrement révélée par des travaux autrichiens, notamment par les remarquables publications de Mr. le Prof. Leo Reinisch, de Vienne.

tions ethnologiques entre les peuples qui les parlent. Un pareil travail exige vingt ou vingt-cinq ans d'études approfondies sur toutes les langues de ce vaste continent, et c'est alors seulement qu'on peut se hasarder à émettre timidement quelques vues d'ensemble : mais, avant de dire comment je comprends ce long travail, comment j'ai commencé à l'exécuter et comment j'espère le mener à bonne fin, je dois exposer, en quelques mots, quelle est, à mes yeux, la valeur scientifique des documents que je possède pour cette étude, en dehors de mes notes personnelles.

Ces documents sont de deux sortes : grammaires et dictionnaires, d'une part; traductions de la Bible, d'autre part.

Les grammaires et dictionnaires ont une valeur essentiellement variable, qui dépend naturellement de la connaissance plus ou moins intime que leurs auteurs avaient de la langue dont chacun d'eux s'est occupé, et aussi de la manière plus ou moins claire dont ils ont conçu et rédigé leurs travaux : quant aux traductions de la Bible, tout en m'associant pleinement à l'esprit de propagande chrétienne qui les inspire, je n'hésite pas à dire qu'elles n'ont aucune valeur scientifique et même qu'elles ne peuvent servir qu'à égarer le linguiste sur les vrais caractères des langues qu'il veut étudier.

Parmi les documents français de la première catégorie, je puis citer ici les travaux publiés par les missionnaires catholiques de la Congrégation du Saint-Esprit et du Saint-Cœur de Marie, ainsi que ceux édités par le général Faidherbe dans divers volumes de l'Annuaire du Sénégal et réimprimés en partie depuis. Les travaux édités par le général Faidherbe sont des abrégés très-secs et quelquefois inexacts, dans l'un desquels on se demande ce que viennent faire les théories de Haeckel; ceux des missionnaires sont, au contraire, toujours très-exacts, bien que parfois un peu diffus : les uns et les autres sont, d'ailleurs, indispensables pour quiconque veut étudier les langues de la côte occidentale d'Afrique, à quoi il faut ajouter les listes de mots recueillies par divers voyageurs, dont l'un mérite, selon moi, une réhabilitation posthume.

En 1832, Douville faisait imprimer à Paris, sous le titre de ‚Voyage au Congo', un ouvrage composé de trois volumes et d'un atlas : en Angleterre ou en Allemagne, l'auteur d'un pareil travail eût été récompensé et encouragé. En France, accusé par je ne sais trop qui de n'être jamais allé au Congo et d'avoir recueilli les éléments de son voyage au Brésil, auprès d'un esclave originaire du Congo, le malheureux Douville, abreuvé de chagrins et de déboires, se suicida : naturellement, ses détracteurs abusèrent de ce fait pour conclure que Douville s'était fait justice en se reconnaissant coupable, déduction qui ne semble pas absolument indiscutable; mais son ouvrage, qui était prêt à paraître, fut néanmoins publié avec une préface infamante, œuvre d'un explorateur en chambre, lequel déclare l'auteur un faussaire. On se demande tout d'abord, si la relation de Douville est réellement apocryphe, pourquoi on l'a publiée quand même : ne valait-il pas mieux, dans ce cas, envoyer toute l'édition au pilon? D'ailleurs, pour qui connaît les indigènes, pour qui sait combien il est difficile d'obtenir d'eux, dans leur propre pays, des renseignements exacts, est-il admissible qu'un esclave enlevé tout jeune de son pays ait pu fournir assez de documents pour faire la matière de trois volumes? Aujourd'hui que le Congo commence à être un peu connu, il serait sans doute facile de vérifier l'exactitude de la narration de Douville, et je suis convaincu qu'on arriverait au résultat favorable auquel je suis arrivé moi-même par l'examen du petit appendice linguistique qui termine l'ouvrage. Douville a donné, en effet, un vocabulaire de 110 mots, plus les noms de nombre, en six dialectes appartenant trois par trois à deux familles de langues différentes : or, il est impossible qu'un esclave ait pu se rappeler des mots de six dialectes, dont quatre ou cinq lui ont toujours été inconnus; il est impossible, d'autre part, que Douville ait inventé un pareil vocabulaire, dont les particularités et même les incorrections prouvent, d'une manière irréfutable, qu'il a été recueilli sur les lieux, en différents endroits et à des époques successives : tout linguiste sérieux serait du même avis que moi. Je regrette de ne pouvoir présenter ici, faute de place, une comparaison de ce vocabulaire avec les autres travaux linguistiques que nous possédons sur le Congo : mais je crois intéressant de transcrire, d'après ma méthode, qu'on trouvera exposée plus loin, le système de numération des dialectes Bomba, Hó et Sala :

	Bomba.	Hó.	Sala.
1.	tombi.	tombi.	mombi.
2.	ines.	sele.	masele.
3.	vyos.	vyos.	vyos.
4.	ilas.	leñu.	leñu.
5.	kales.	kales.	lukas.
6.	kales a tombi, 5+1.	kales a tombi.	lukas a mombi.
7.	kales a ines, 5+2.	kales a sele.	lukas a masele.
8.	kales a vyos, 5+3.	kales a vyos.	lukas a vyos.
9.	kales a ilas, 5+4.	kales a leñu.	lukas a leñu.
10.	kale a kale, 5+5.	kales a kale.	lukas a lukas.
11.	kale a kale tombi, 5+5+1.	kales a kale a tombi.	lukas a lukas a mombi.
12.	kale a kale a ines, 5+5+2.	kales a kale a sele.	lukas a lukas a masele.
15.	vyoz kales, 3 × 5.	vyos kales.	vyos lukas.
20.	ilas kales, 4 × 5.	leñu kales.	leñu lukas.
21.	ilas kales a tombi, (4 × 5) + 1.	leñu kales a tombi.	leñu lukas a mombi.
25.	kales kales, 5 × 5.	kales kales.	lukas lukas.
30.	señdas.	tugiχ.	señdas.
35.	a'atus.	ma'atus.	mumu.
40.	çu'as.	çu'as.	suñka.
50.	betus.	bolas.	betus.
60.	lelas.	lelas.	las.
70.	lebes.	sumunas.	visas.
80.	rimas.	rimas.	rimas.
90.	lolokas.	kandas.	kives.

On remarquera que, si le système est purement quinaire jusqu'à 30, à partir de ce nombre les dizaines sont exprimées par des mots simples, l'intérieur de chaque dizaine continuant à suivre la méthode quinaire, sauf une exception vraiment remarquable : le nombre 35, produit du chiffre symbolique 7 par la base de numération 5, est exprimé par un mot simple. C'est là un phénomène que Douville n'a pu ni inventer ni songer à découvrir au Brésil[1]) : il n'a pu le recueillir que sur les lieux, et, pour toutes les raisons que j'ai exposées, ainsi que par suite des comparaisons auxquelles je me suis livré, je considère Douville comme lavé des calomnies qui l'ont poussé à se donner la mort.

Passant maintenant aux documents anglais de la première catégorie, je n'ai que l'embarras du choix pour citer d'excellents travaux, dont les auteurs ont su allier, à une connaissance parfaite de la langue qu'ils traitaient, la clarté et la simplicité si nécessaires en pareil cas : depuis le Manuel Susu de Brunton (1802) jusqu'au Manuel Boondéi de Woodward (1882), c'est une longue série de travaux linguistiques dont plusieurs, comme ceux du Rév. Steere, ont une grande valeur scientifique, et parmi lesquels les plus volumineux ne sont pas toujours les meilleurs.

Cette justice rendue aux auteurs de grammaires et de dictionnaires, je dois justifier l'opinion que j'ai émise au sujet des documents de la deuxième catégorie, c'est-à-dire au sujet des traductions de la Bible, déjà si difficile à traduire et si souvent inintelligible dans nos langues modernes cultivées. En réalité, les langues de l'Afrique dont je m'occupe ici ne sont que des langues parlées et non des langues écrites, quoi qu'on en ait pu dire pour certaines, en s'appuyant sur des assertions erronées et des documents de fantaisie : le vocabulaire de ces langues est aussi limité que le cercle d'idées dans lequel se

---

[1]) Si Douville avait recueilli son vocabulaire au Brésil, il est probable que sa transcription aurait conservé quelque chose de l'orthographe portugaise; au contraire, il transcrit à la française : *tatou, ouana, cugni*, là où Cannecattim transcrit à la portugaise : *tatu, nana, cunhi*. Cependant, l'emploi simultané de *u* et de *ou* ne permet pas de savoir, pour les trois dialectes dont j'ai donné les noms de nombre, si on est en présence du son *ü* et dans quels cas.

meuvent les indigènes qui les parlent. Or, on ne parle pas, pour les besoins ordinaires de la vie, du moins en Afrique, la langue de la Bible, et les traductions africaines du livre sacré sont écrites dans des langues conventionnelles, que peuvent généralement seuls comprendre le traducteur et ceux de ses disciples qui subissent depuis longtemps son influence intellectuelle; ces langues de convention ne peuvent donner qu'une idée absolument fausse de celles parlées par les indigènes, les traducteurs étant obligés de forger, pour leur usage personnel et le plus souvent sans autre règle que leur bon plaisir, des mots et des formes grammaticales qui n'ont jamais existé dans la bouche des noirs. La meilleure preuve de ce que j'avance, c'est que, dans leurs prédications, les missionnaires, tant catholiques que protestants, sont obligés, pour se faire comprendre, de laisser de côté la langue biblique et conventionnelle des traductions, et de se rapprocher le plus possible de la langue parlée, employant ainsi un style clair et précis, mais vulgaire, trivial et souvent même obscène, qui serait peu de mise en Europe en pareille circonstance : c'est là un fait indiscutable, que j'ai eu l'occasion de constater moi-même bien des fois à la côte occidentale d'Afrique.

Je suis loin, assurément, de traiter avec dédain les travaux linguistiques des missionnaires, comme on l'a fait trop souvent avec peu de discernement[1]) : j'ai déjà dit qu'un grand

---

[1]) „On ne peut guère demander une grammaire scientifique du wolof aux missionnaires qui habitent les contrées où cet idiome est parlé. Leurs nombreuses publications sont marquées au coin de la plus complète ignorance des procédés de la science moderne du langage, et ils ne paraissent point se douter de ce que c'est qu'une langue agglutinante.' (La linguistique, par Abel Hovelacque. Paris, 1881.) — On ne peut cependant pas demander aux missionnaires de se faire les apôtres des théories surannées de Schleicher ou de celle de l'école sans Dieu : après tout, ils connaissent les langues dont ils parlent, tandis que leur détracteur n'en connaît aucune.

„He (Rev. Wilson) is entirely a novice in linguistic studies, but he records honestly the information which he has gleaned at first hand. It may prove that his book can be justly charged with defects, such as might be anticipated from one not trained to such subjects, and deprived of the opportunity of advice or reference to kindred works while on the spot. This book

nombre d'entre eux ont rendu de réels services à la connaissance des langues de l'Afrique, et j'ajouterai même qu'il n'est pas un de leurs travaux grammaticaux ou lexicographiques, si informe qu'il puisse paraître au premier abord, dont un observateur judicieux ne parvienne à tirer parti. Catholiques ou protestants, les missionnaires sont obligés d'apprendre à parler couramment les langues des indigènes au milieu desquels ils habitent: mais, tandis que le missionnaire catholique, dont l'enseignement est presque exclusivement oral, peut se contenter de la langue parlée, la seule vraie, le missionnaire protestant est contraint, pour le besoin de ses traductions, de créer d'emblée une langue littéraire qui n'existe nulle part; les règles de la langue parlée ne lui suffisent plus, et il lui faut, quelquefois un peu inconsciemment, en créer de nouvelles. C'est alors qu'il risque de tomber dans l'écueil d'écrire une langue inintelligible pour tous,[1]) excepté pour lui et quelques adeptes, et ce danger devient encore plus grand lorsqu'il a l'imprudence de prendre comme professeur ou d'admettre comme collaborateur un lettré indigène plus ou moins teinté de littérature arabe : il écrira dès lors dans une sorte de langue soi-disant savante, où, à côté de la langue indigène plus ou moins torturée et rendue méconnaissable, on retrouvera des mots et des formes arabes corrompus, entremêlés de mots et de formes de sa propre langue à lui.[2])

---

must not, therefore, be weighed in the same balance with the works of accomplished linguists — such as Dr. Krapf and Bishop Steere — or some of the celebrated scholars, who have illustrated so nobly the languages of South and West Africa.' (Preface, by Robert Cust, to the Outline Grammar of the Luganda language, by Rev. C. T. Wilson. London, 1882.) — Je ne sais quel est l'éminent savant qui trouvera des défauts à ce livre; ce que je sais, c'est que le manuel du Rév. Wilson est tout simplement un petit chef-d'œuvre, pour une première édition surtout, qui peut très bien supporter la comparaison avec les travaux du Dr. Krapf et même avec ceux du Rév. Steere, et qui, en tout cas, est de beaucoup supérieur aux ouvrages lourds et indigestes des R. R. Reichardt, Schlenker et autres.

[1]) Cf. l'abbé P. Bouche, Etude sur la langue Nago (Bar-le-Duc, 1880), pp. 4, 8—10.

[2]) C'est grâce à ce fait qu'un missionnaire a pu retrouver des traces de grammaire indo-européenne (?) dans les langues Bantu (Note lue en 1884 ou 1885 par le Dr. R. N. Cust à la „Royal Asiatic Society of London').

C'est pour ces raisons que je considère les traductions de la Bible comme inutiles au linguiste, et même nuisibles à celui qui veut réellement acquérir la connaissance des langues de l'Afrique : dans un pays où il n'existe pas de littérature écrite, un étranger ne saurait en créer une, et il faut savoir s'en passer; des légendes indigènes et des dialogues usuels sont préférables à toutes les traductions de la Bible.

Il ne faudrait cependant pas croire que les missionnaires ne cherchent pas à éviter, dans la limite du possible, l'écueil que je viens de signaler : la meilleure preuve que je pourrais donner des efforts de certains d'entre eux, pour arriver à un résultat satisfaisant dans ce sens, serait de reproduire ici la très-remarquable préface écrite par le Rév. Steere en tête de son Manuel Swahili;[1]) faute d'espace, je dois me contenter d'en extraire le passage le plus saillant :

‚. . . . . on explaining to some of our native friends our wish to make a complete translation of the Bible into their language, one of them, Sheikh 'Abd al 'Aziz, kindly volunteered to translate for me the Arabic Psalter into the best and purest Swahili. I found, before long, ... that his language was too learned to suit exactly our purpose in making the version; . . . . .'

* * *

Un long séjour comme officier à la côte occidentale d'Afrique m'avait permis, il y a vingt ans passés, d'apprendre à parler couramment quelques-unes des langues qui y sont usitées, notamment le wolof et le pul[2]) : mes études linguistiques, interrompues par suite de mon départ du Sénégal, n'ont pu être reprises par moi qu'un peu plus tard, et ce n'est, en définitive, que depuis

---

[1]) A Handbook of the Swahili language, by the late E. Steere. 3rd edition, London, 1884 (Preface to the first edition).

[2]) Sauf pour les citations, dans lesquelles je conserve toujours l'orthographe de l'auteur, je transcris tous les noms et les mots indigènes d'après ma méthode, et comme je les ai entendus prononcer ou comme je sais qu'ils doivent être prononcés : on trouvera cependant quelques mots d'un emploi habituel orthographiés à la française.

quelques années que, abandonnant presque entièrement toutes les autres branches de la linguistique, j'ai été amené peu à peu à me vouer exclusivement à l'étude des langues africaines. Le cercle de mes études, limité dans le principe aux langues de la région Sénégambienne, s'est élargi successivement à l'Est et au Sud, et j'arriverai un jour, je l'espère, à avoir minutieusement passé en revue tous les idiomes connus du continent africain. C'est assez dire que les théories générales ou particulières que je puis énoncer ici ne sont données par moi qu'avec la plus extrême réserve ; je n'entends en aucune façon poser des principes absolus, ce que je considère comme radicalement impossible pour le moment.

J'ai adopté le système invariable de travailler la plume à la main, étudiant successivement et séparément chaque langue isolée ou chaque groupe de dialectes, sans trop m'inquiéter dans quelle famille on a pu les classer jusqu'à présent : pour chaque langue, je rédige entièrement à nouveau la grammaire et le dictionnaire, en m'aidant de tous les documents que j'ai pu rassembler, en les rectifiant et les complétant, selon le cas, avec mes documents personnels et même avec mes souvenirs, encore beaucoup plus vivaces que je ne l'aurais cru d'abord. J'espère pouvoir prochainement commencer à publier une première série de grammaires et de dictionnaires : si cependant l'aide matérielle qui m'est nécessaire venait à me faire défaut, je n'en continuerais pas moins mes travaux, gardant en manuscrit ce que je ne pourrais faire imprimer. Et alors, lorsque j'aurai épuisé complètement la série générale des langues connues de l'Afrique, mais alors seulement, j'essaierai un travail d'ensemble comparatif, ce qui ne m'empêchera pas, d'ici là, de planter le long de ma route les jalons qui pourront me servir plus tard.

Pour pouvoir effectuer avec plus de facilité le travail comparatif qui sera la conclusion de mon œuvre, j'ai dû me préoccuper d'un système rationnel et uniforme de transcription, et ce n'est qu'après de nombreux tâtonnements sur les langues les plus dissemblables que je suis arrivé à adopter définitivement la méthode que j'emploie aujourd'hui. J'avais, au début, le choix entre deux alternatives : ou adopter un système de transcription déjà usité, par exemple celui du Prof. Lepsius, ou bien en créer un spécial à mon usage personnel; je me suis arrêté au second parti. Outre que je trouve le système du Prof. Lepsius à la fois trop compliqué et aussi très insuffisant dans certains cas, je lui reproche encore d'avoir adopté des signes diacritiques qui n'ont d'équivalent dans aucune langue de l'Europe, et qui sont, par conséquent, exposés à être mal compris : d'autre part, je n'ai pas tardé à me convaincre que, si j'adoptais un système de transcription déjà employé par d'autres, je risquerais, presque à mon insu, d'étudier d'une manière beaucoup trop superficielle les langues que je trouverais transcrites dans ce système.

J'ai donc constitué de toutes pièces un alphabet que j'ai tâché d'harmoniser de mon mieux, bien que j'ai été contraint de détourner deux lettres *(j, ñ)* de la prononciation qu'elles ont dans les langues auxquelles je les ai empruntées.

J'ai adopté, en le complétant, le système des voyelles magyares, les voyelles longues étant, comme en magyar, marquées de l'accent simple ou double, sauf la voyelle *a*, qui est toujours plutôt longue que brève.

L'emploi des semi-voyelles *(h), w (ü), y*, est suffisamment indiqué ci-après.

Chaque lettre doit être prononcée distinctement et séparément, à l'exception des diphtongues *aw, ew, . . ., ay, ey, . . .*, etc., et des groupes *bw, dw, gw, . . ., by, dy, gy, . . .*, etc.

Quant à la notation des consonnes, voici les règles que j'ai suivies :

a) les aspirées sont indiquées par des lettres grecques *β, γ, . . .*, ou islandaises *ð, þ* ;

b) les chuintantes sont marquées d'un petit *v* placé au-dessus, *č, ǰ, š, . . .*, etc.;

c) les emphatiques sont marquées d'un point au-dessous, *ḍ, ḥ, ṣ, . . .*, etc.

La correspondance en lettres arabes est donnée d'après la prononciation usuelle de ces lettres par les noirs; le ġ sera donc plutôt représenté par *γ* dans les langues du Soudan oriental.

Enfin, je dois faire observer que, dans le plus grand nombre des ouvrages publiés sur les langues de l'Afrique, et faute d'une notation appropriée, les sons chuintants č (*tch* fr., *tsh* ang., *tsch* all.) et ǧ (*dj* fr., *g* ou *j* ang., *dsch* all.) sont trop souvent substitués aux sons mouillés *ty* et *dy*, plus doux et plus corrects.

Ceci posé, voici mon alphabet :

a á   *a* ordinaire, sans qu'il y ait lieu, pas plus que pour d'autres voyelles, d'établir des distinctions subtiles de prononciation.

ä ǎ   *ai* fr. dans braise; *è* fr. dans hypothèse; *ä* all. dans später; *a* ang. dans gate.

â   *au* fr. dans cause; *ô* fr. dans pluviôse; *â* suédois.

b   *b* ordinaire; ب ar.

β   *b* aspiré.

c   *ts* fr.; *z* all.; *c* tchèque; ث ar.

č   *tch* fr.; *tsch* all.; *tsh* ang.; *č* tchèque; ج ar.

d   *d* ordinaire; د ar.

ḍ   *d* emphatique; ض ar., ط ar.

δ   *th* doux ang.; ذ ar.

e é   *é* fr. dans théorie, espérance.

f   *f* ordinaire; ف ar.

g   *g* dur fr. dans garder, gorge, Gustave; *g* all. dans geben, Gift, Gurke; *g* ang. dans give; ق ar.

γ   *g* aspiré; (غ ar.).

'   ا arabe; *h* fr. non aspirée; précède toute voyelle non accompagnée d'une consonne ou d'un autre signe; habituellement omis au commencement des mots.

ʻ   ع arabe; *h* fr. aspirée; ne peut être omis.

h   ه arabe; *h* all., donc fortement aspirée. Sert quelquefois, après une voyelle, soit devant une consonne, soit à la fin d'un mot, de lettre de prolongation sèche, comme dans l'all. Kuh, Stroh, wohl, stehlen; dans ce cas, c'est une lettre muette.

ḥ   ح arabe; *h* très fortement aspirée, presque gutturale; presque le *ch* all.

i í   *i* ordinaire.

j   *dz* fr.

ǰ	dj fr.; g ang. dans gin, gentleman; ج ar. *(dy)*.
k	k ordinaire; ك ar.
l	l fr. dans balai; l all. dans belohnen; jamais mouillée; ل ar.
m	m ordinaire, toujours sonore et jamais nasale; م ar.
n	n ordinaire, toujours sonore et jamais nasale; ن ar.
ñ	devant une voyelle, soit au commencement d'un mot, soit après une autre voyelle, c'est un son nasal particulier, ressemblant à *nn* nasillé; après une voyelle, soit à la fin d'un mot, soit devant une consonne autre que *g, ḫ, k, q, ġ, χ* ou *x*, c'est l'*n* nasal fr. dans cran, bonté.
ñ̄	devant une voyelle, soit au commencement d'un mot, soit après une autre voyelle, c'est un son nasal particulier, ressemblant à *ng* nasillé; après une voyelle, soit à la fin d'un mot, soit devant *g, ḫ, k, q, ġ, χ* ou *x*, c'est l'*ng* nasal de quelques mots anglais.
o ó	o ordinaire.
ö ȫ	eu fr. dans heureux; ö all. dans Kröte, Börse.
p	p ordinaire; ب ar.
φ	p aspiré, un peu comme *pf*.
q	ق arabe.
r	r fr. dans radis, brave, misérable; ne doit jamais être roulé ni dans la gorge ni avec la langue; ر ar.
ġ	غ arabe, sorte de *gr*, le *g* très peu perceptible, l'*r* grasseyé et roulé dans la gorge.
s	s dur fr. dans sauter, sortir; ç fr. dans agaçant; س ar. N'a jamais le son du *z* fr.
ṣ	s emphatique; ص ar.
š	ch fr.; sch all.; sh ang.; š tchèque; ش ar.
t	t ordinaire; ت ar.
ṭ	t emphatique; ط ar.
þ	th dur ang.; ث ar.
u ú	ou fr.; u all. et italien.
ü ǘ	u fr.; ü all. et magyar.
v	v fr.; w all. et polonais.
w	devant une voyelle, soit au commencement d'un mot, soit après une autre voyelle, c'est le *w* ang. dans water,

Notes de linguistique africaine.   67

awake; après une voyelle, soit à la fin d'un mot, soit devant une consonne, cette lettre sert de lettre de prolongation grasse, comme l'*u* all. dans Bau, Augarten; suivant immédiatement une consonne, elle sert à la graisser, expression que les exemples qui vont suivre feront suffisamment comprendre; و ar.

ẅ même emploi que le *w*, mais avec une résonnance tenant de l'*ü*.
χ خ arabe, plus dur que le *ch* all.
x *ks*; *x* fr. dans expérience.
x̌ *kch* fr.
y devant une voyelle, soit au commencement d'un mot, soit après une autre voyelle, c'est l'*y* fr. dans yole, bayadère, le *j* all. dans Jahr, bejahen; après une voyelle, soit à la fin d'un mot, soit devant une consonne, cette lettre sert de lettre de prolongation mouillée, comme l'*i* all. dans Ei, Bleistift; suivant immédiatement une consonne, elle sert à la mouiller, comme on le verra ci-après; ي ar.
z *z* fr. dans zodiaque, azote; ز ar.
ž *j* fr. dans jamais, ajouter; ž tchèque; ژ ar.

Pour mieux faire comprendre mon système, je crois devoir donner ici la transcription d'un certain nombre de mots français, allemands et anglais, que j'écris comme on les prononce.

bière	*byär*	quoi	*kwa*
boire	*bwar*	cuir	*kwir*
buisson	*bwisoñ*	cuire.	*kwihr*
Dieu	*Dyö*	lieu	*lyö*
doigt	*dwa*	loi	*lwa*
fiacre	*fyakr*	luire	*lwir*
foire	*fwar*	mien, mienne	*myeñ, myén*
fuite	*fwit*	moi	*mwa*
goître	*gwatr*	agneau	*'anyä*
gueux, gueuse	*gö, göz*	noix	*nwa*
huitième	*wityäm*	pied	*pye*
kiosque	*kyosk*	poids	*pwa*

5*

puits	*pïi*	essuyer	*'esẅiyé*
rien	*ryeñ*	alliance	*'alyañs*
roitelet	*rwatle*	tailleur	*táyör*
rouage	*rwaž, ru'až*	niaiserie	*nyäzri*
ruine	*rẅin*	orgueilleux	*'orgöyö, 'orgölyö*
sieste	*syest*	dîme	*dihm*
soif	*swaf*	chameau	*šamä̊*
suite	*sẅit*	blau	*blaw*
chien	*šyeñ*	Baum	*bawm*
choisir	*šwazir*	Blei	*blay*
tien	*tyeñ*	Hauskleid	*hawsklayd*
toi	*twa*	sein	*sayn*
tu ris	*tü ri*	Schuh	*šuh*
tuerie	*tühri*	Buch	*buχ*
vieillard	*vyeyar*	Zeitung	*caytuñ*
voiture	*vwatür*	aloud	*'elawd*
zouave	*zwav, zu'av*	allow	*'elaw*
jamais	*žamä̊*	side	*sayd*
joie	*žwa*	pine	*payn*
juillet	*žẅilye*	gin	*jin*
ouate	*wat*	water	*watr*
oui	*wi*	awake	*'ewäk*
yacht	*yaχt*	bow	*baw*
yeux	*yö*	boy	*boy*
bayadère	*bayadär*	hall	*hå̊l*
bouteille	*butey*	king	*kiñ*
campagne	*kañpany*	alongside	*'aloñsayd*
haïr	*'a'ir*	shake	*šäk*
huile	*ẅil*	Shakespeare	*šäxpir*
mille oies	*mil wa.*	thanks	*þañx*
mille voix	*mil vwa*	that	*ðat*

* * *

Dans l'état actuel de nos connaissances, il faut se contenter de classer les langues de l'Afrique en deux grands groupes, dans chacun desquels un sous-classement pourra sans doute être établi plus tard; mais il serait prématuré de poursuivre en ce moment un but chimérique. D'une part, nous trouvons un groupe de langues qui, toutes, sont reliées entre elles par un lien de parenté grammaticale très-étroit, et que je désigne ici sous le nom générique de langues à préfixes, aucune autre dénomination ne me paraissant leur convenir mieux; d'autre part, nous avons une série de langues isolées ou de familles de dialectes qui n'ont entre elles que peu ou point de parenté grammaticale, et que j'appellerai langues soudaniennes.

Défalcation faite de la zone septentrionale de l'Afrique, où sont parlés à peu près exclusivement des dialectes sémitiques et hamitiques, les langues soudaniennes occupent, au Sud de cette zone, de la Mer Rouge à l'Océan Atlantique, une large étendue de terrain de hauteur variable, mais qui, nulle part, n'atteint l'Équateur.

Le domaine des langues à préfixes, borné au Sud par la zone où sont parlées les langues des Hottentots et des Bushmans, s'étend de là vers le Nord, sur toute la largeur de l'Afrique, jusque vers le quatrième parallèle de latitude septentrionale, mais, et ceci est un détail qui n'a jamais été précisé, en remontant, sur une profondeur variable, le long de la côte de l'Océan Atlantique, avec des intermittences plus ou moins considérables, jusqu'à l'embouchure de la Gambie, que ces langues ne dépassent pas.

Si l'on se rend bien compte, sur une carte, des limites que je viens d'indiquer, on ne sera pas étonné de me voir émettre une hypothèse qui, j'en ai la ferme conviction, sera confirmée tôt ou tard : il me semble naturel de conjecturer que les peuples qui parlent les langues à préfixes sont les plus anciens aborigènes de la plus grande partie de l'Afrique, et qu'ils ont été repoussés vers le Sud et l'Ouest par des envahisseurs venus de l'Est, lesquels, en certains points, ont poussé jusqu'à la mer, séparant ainsi des peuplades originairement voisines les unes des autres. En d'autres termes, excluant de l'ethnographie du Chapitre X de la Genèse seulement les peuples qui parlent les langues à préfixes, ainsi qu'on l'a fait jusqu'à présent pour tous les nègres de l'Afrique sans distinction, je serais, au contraire, assez disposé à rattacher à la famille de Ḥam les peuples qui parlent les langues soudaniennes : c'est là une thèse que je reprendrai plus loin.

La grande diversité des langues soudaniennes expliquera suffisamment pourquoi, dans cette brève notice, je ne puis entrer dans aucun détail qui les concerne : il en est autrement pour les langues à préfixes, sur lesquelles je veux m'arrêter un instant, en faisant observer tout d'abord que le nom de langues Bantu, donné jusqu'à ce jour à la plupart de ces langues, ne saurait s'appliquer au groupe entier; ce sera tout simplement un jour le nom d'un sous-groupe, dont l'importance aura considérablement diminué.

On sait quelle est la caractéristique générale des langues à préfixes : chaque thème nominal, pour devenir un substantif doit être précédé d'un préfixe déterminatif de catégorie, qui fait désormais corps avec lui, et dont le changement, assez régulier d'ailleurs, sert à indiquer le pluriel; tous les mots, adjectifs, pronoms et verbes qui, dans une phrase, gouvernent le substantif ou sont gouvernés par lui, règlent leur lettre initiale d'après celle du préfixe de ce dernier. Nous allons voir comment cette règle générale est appliquée dans les deux dialectes les plus septentrionaux du groupe des langues à préfixes, et signaler en même temps quelques particularités intéressantes.

Les Felups et les Filyams font partie de la catégorie de peuplades généralement désignées par les Français sous le nom de Dyolas, nom qui semble n'appartenir en réalité à aucune d'elles et être un sobriquet d'origine mañdiŋgo. Les Felups habitent, le long de la mer, le pays plat et sablonneux, entrecoupé de marigots, qui va depuis la basse Gambie, au Nord, jusqu'à Cacheo, au Sud de la Cazamance, sur l'embouchure de laquelle ils se trouvent ainsi à cheval; ils ne s'étendent guère à l'intérieur au-delà d'une dizaine de lieues marines : ils sont relativement peu nombreux, mais il m'est impossible d'évaluer quel peut être à peu près le chiffre de cette population, au milieu de laquelle je n'ai séjourné que quarante jours, absorbé par des occupations multiples, comme commandant intérimaire du poste français de Carabane, situé sur une île de sable à l'embouchure de la Cazamance. Les Filyams habitent dans l'intérieur, à l'Est et au Sud-Est des Felups, le long de la Cazamance et plutôt sur la rive gauche de ce fleuve, qui s'appelle Kâya dans leur langue;[1]) leur domaine est difficile à fixer plus exactement : au milieu de leur pays, sur le fleuve, se trouve l'ancienne factorerie portugaise de Sikiñtyor, depuis longtemps en décadence et abandonnée à elle-même lorsque je l'ai visitée en 1862.

Les Felups et les Filyams parlent deux dialectes trèsvoisins d'une même langue : le dialecte des Filyams est le dialecte dur, quelque chose comme l'auvergnat par rapport au limousin. Il n'existe aucune grammaire de ces deux dialectes, et nous n'en possédons que deux vocabulaires : l'un, le plus étendu, publié en 1845,[2]) mais datant en réalité du siècle dernier, et tellement incorrect qu'on a bien de la peine à en tirer quelque chose; l'autre, limité à 260 mots et un peu moins incorrect, publié par le Rév. Kœlle.[3]) Je n'en avais recueilli moi-même que quelques mots, qui m'ont servi à rectifier une partie de ceux donnés par Kœlle, et qui me suffiront ici.

Les préfixes les plus employés sont :

felup		filyam	
a- (a-n- dev. une voyelle), plur. u- (w-)		a- (a-n- dev. une voyelle), plur. ku- (k-)	
e-,	si-, su-	e-,	ši-
fi-, fu-,	go-, gu-	fu-,	ku-
ga-,	gu-, o-	ka-,	u-

L'accent tonique, excepté pour les êtres animés, repose habituellement sur le préfixe, ce qui conduit à considérer ce

---

[1]) Le nom de Cazamance est la francisation d'une vieille dénomination portugaise, comme celles de toute cette partie de la côte; le São-Gregorio, affluent de la Cazamance, s'appelle aujourd'hui par corruption Soñgrugu.

[2]) Mémoires de la Société ethnologique de Paris, année 1845, tome II. Ce vocabulaire felup contient un mélange de mots des deux dialectes, mais où le filyam semble dominer.

[3]) Polyglotta africana, by S. W. Kœlle. London, 1854.

dernier comme inséparable, d'autant plus qu'il participe nécessairement à la signification du mot.

Un même thème, combiné avec différents préfixes, donne des substantifs de signification différente :

felup : *bú-bil* (coton, cotonnier); *gá-bil* (gilet, tricot de coton), plur. *ó-bil*.

filyam : *tí-lay* (soleil); *bá-lay* (jour).

Cependant ces formes ne sont pas très-sûres.

Dans les deux dialectes, le préfixe sing. *a-* (*a-n-* devant une voyelle), qui n'est autre qu'une forme du pronom personnel de la 3ᵉ personne, s'applique exclusivement aux êtres humains et à leurs diverses qualifications, comme : ami, homme blanc, esclave, étranger, femme, frère, garçon, homme, médecin, sœur, etc.; le préfixe sing. *e-*, qui semble être un affaiblissement du précédent, s'applique aux êtres animés autres que les êtres humains.

Il n'y a pas de genre : le sexe des animaux s'indique en ajoutant l'un des mots :

felup : *-eyne* (mâle);
filyam : *-ine* (mâle); } *-are* (femelle).

La combinaison de ce thème avec le préfixe des êtres humains donne :

felup : *an-éyne* (homme);
filyam : *an-íne* (homme); } *an-áre* (femme).

Le filyam s'est incorporé un certain nombre de mots portugais, mais en les soumettant à la règle générale, c'est-à-dire en les munissant du préfixe de catégorie; lorsque, par hasard, la première syllabe du mot portugais ressemble à un des préfixes usités, c'est cette syllabe elle-même qui, servant de préfixe au singulier, change au pluriel d'après la règle générale :

ka-šapátu, plur. *u-šapátu*, du portug. *sapato* (soulier)
e-gúdya,   *ši-gúdya*,   *agulha* (aiguille)
ká-miša,   *ú-miša*,   *camisa* (chemise)

Les composés de dépendance se forment en plaçant le substantif déterminatif le premier :

felup : *bunaχ-buradâb* (jour = soleil-clarté, clarté du soleil).
filyam : *émic-múmel* (pluie = ciel-eau, eau du ciel).

Les seuls pronoms personnels que je connaisse sont les suivants :
felup : 1. sg. *ŋíni, ndyéni, ni;* 3. sing. *na, a, e;* 3. pl. *u.*
filyam : *ni, n-, i;* *na, a;* *ku.*

Je reconstitue de mon mieux ci-après la série des noms de nombre telle que je me la rappelle, mais en garantissant plutôt le sens général des expressions que la transcription, qui peut être sujette à corrections :

       Felup.   Filyam.

1. *enor.*   *dyanor.*
2. *sigaba.*   *kukawa.*
3. *sisadyi.*   *kufaji.*
4. *sibareg.*   *kubaχir.*
5. *futăg.*   *futăχ.*
6. *futăg enor.*   *futăχ dyanor,* 5 + 1.
7. *futăg sigaba.*   *futăχ kukawa,* 5 + 2.
8. *futăg sisadyi.*   *futăχ kufaji,* 5 + 3.
9. *futăg sibareg.*   *futăχ kubaχir,* 5 + 4.
10. *sibañgányen.*   *šibaŋkáŋen (ká-ŋen =* bras,
    (*gá-nyen =* bras, main).   main).
                            11. *šibaŋkáŋen dyanor,* 10 + 1.
                            12. *šibaŋkáŋen du kukawa,* 10 + 2.
                            20. *hukaŋku.*
                            30. *hukaŋku šibaŋkáŋen,* 20 + 10.
                            40. *hukaŋku kukawa,* 20 × 2.
                            50. *hukaŋku kukawa šibaŋkáŋen,*
                                (20 × 2) + 10.
                            60. *hukaŋku kufaji,* 20 × 3.
                            70. *hukaŋku kufaji šibaŋkáŋen,*
                                (20 × 3) + 10.
                            80. *hukaŋku kubaχir,* 20 × 4 (quatre-vingts).
                            90. *hukaŋku kubaχir šibaŋkáŋen,*
                                (20 × 4) + 10 (quatre-vingt-dix).
                        100. *heχmay.*
                     1.000. *wuli.*

Ce système, on le voit, est à la fois quinaire et vigésimal, comme dans les langues yoruba, ibo, grebo.[1])

Quant aux verbes, les quelques formes que je possède sont trop incertaines pour que j'en puisse conclure aucune règle : mais il m'a paru utile de donner pour la première fois les quelques détails qui précèdent.

* * *

Parmi les races qui parlent les langues que j'ai appelées soudaniennes, il en est une qui, plus que toutes les autres, a excité la curiosité des savants et qui n'en est pas mieux connue pour cela : c'est la race Pul. Mon but, en parlant ici d'un peuple au milieu duquel j'ai vécu longtemps et dont j'ai conservé le meilleur souvenir, sera de tâcher de rectifier quelques-unes des erreurs les plus grossières répandues encore aujourd'hui sur son compte par des auteurs qui n'ont pas suffisamment contrôlé leurs renseignements et dont certains même ont été indignement mystifiés : je ne m'occupe naturellement pas des simples compilateurs qui ont écrit sur cette race au coin de leur feu, à Londres ou à Grenoble; c'est le métier de ceux-là de se tromper et de tromper les autres.

* * *

Les Puls (sing. *pul-o*,[2]) plur. *ful-be*) sont répandus sur un grand espace de territoire, depuis l'Adamawa et peut-être même au-delà, à l'Est, jusqu'à la partie de la côte de l'Océan Atlantique comprise entre l'embouchure du fleuve du Sénégal et la colonie anglaise de Sierra-Leone : mais ce n'est pas à dire qu'ils occupent à eux seuls cette vaste étendue de pays, et, tandis que sur les bords de la mer on ne les rencontre qu'isolément ou en petites bandes insignifiantes, d'autre part, même dans les pays du Soudan où ils dominent politiquement, ils ne forment qu'une petite fraction de la population, à laquelle ils

---

[1]) Comparer le français : quatre-vingts, six-vingts, quinze-vingts.
[2]) J'écris *pul-o*, mais on prononce très-souvent aussi *ꝗul-o*.

s'imposent beaucoup plus par leur audace et leur esprit guerrier que par leur nombre. Les deux agglomérations les plus importantes et les plus compactes de Puls sont le Futa sénégalais, improprement nommé Futa-Toro par la plupart des auteurs, et le Futa-Dyaloñ[1]) : si ce dernier pays, qui a été le moins et le plus tard exploré, paraît relativement assez connu, en revanche le premier l'est fort peu dans le monde savant; les auteurs anglais et allemands ont complétement, je dirais presque systématiquement, négligé de consulter les documents officiels français, qui auraient pu les renseigner exactement, et les auteurs français se sont trop souvent fiés aux renseignements qu'ils trouvaient dans des publications étrangères.

Le Futa sénégalais occupe, sur la rive gauche du fleuve du Sénégal, une zone d'environ 72 lieues marines de longueur, sur une largeur variable, mais qui ne va guère au-delà de 15 à 18 lieues marines. Le Futa, annexé à la France depuis 1859,[2]) mais en réalité connu et visité depuis bien plus longtemps, est divisé en trois provinces : au milieu, le Futa proprement dit ou Futa central, où se trouve la résidence de l'almami électif, qui gouverne tout le pays avec le concours de dix-huit chefs électeurs, sans l'assentiment desquels il ne peut prendre aucune décision importante; à l'Ouest, le Toro ou Futa-Toro, administré, sous les ordres de l'almami, par le Lam-Toro; à l'Est, le Damga ou Futa-Damga, administré, toujours sous les ordres de l'almami, par un chef qui porte le nom d'El-Feki et n'a qu'une autorité le plus souvent nominale, excepté lorsqu'il s'agit de pressurer ses administrés. Chaque province est, ou plutôt était, il y a vingt ans, commandée par un poste fortifié, Podor pour le Toro, Saldé pour le Futa et Matam pour le Damga : j'ai commandé pendant longtemps le poste de Matam, et j'ai été pendant un

---

[1]) Le mot Dyaloñ n'est pas un mot pul : c'est le nom de la peuplade mañdiñgo sur une partie de territoire de laquelle les Puls se sont établis et qui habite encore dans leur voisinage.

[2]) Sur cette annexion, encore aujourd'hui plus platonique que réelle, et d'ailleurs contestée par les indigènes, voir la Revue de France, numéro du 30 sept. 1874, p. 817—818. Le travail auquel je renvoie ici n'a pu être terminé et devait former la première partie d'un travail beaucoup plus étendu.

certain temps commandant en second au poste de Podor, le plus ancien et le plus important des trois, bien que la province qu'il commande soit d'habitude la plus tranquille.

Le Futa sénégalais est séparé du Futa-Dyaloṅ par une très-large étendue de terrain, 60 à 80 lieues marines, occupée par des populations mañdiṅgos et autres : les deux pays sont à peu près sans aucunes relations, chacun d'eux ayant son almami et son gouvernement absolument indépendants l'un de l'autre. Il est donc inexact d'affirmer, comme l'a fait le Rév. Reichardt dans l'introduction da sa Grammaire pul,[1]) sur la foi d'un indigène qu'il a rencontré à Sierra-Leone, que le pays situé entre le Haut-Niger et le Sénégal est entièrement occupé par les Puls, et que le siége de leur gouvernement est à Timbo.[2]) Il est tout aussi inexact de prétendre, comme l'a fait le même auteur, que les Puls établis sur la rive gauche du Sénégal y sont venus du Futa-Dyaloṅ (le contraire serait également faux), et que certains d'entre eux s'appelleraient Sisibe[3]) : tout cela

---

[1]) Grammar of the Fulde language. London, 1876. — Cet ouvrage ne rentre malheureusement pas dans la catégorie de ceux qui brillent par la clarté et la simplicité; l'examen le plus sommaire de ce livre montre, d'ailleurs, de quelle singulière façon le Rév. Reichardt a procédé pour apprendre le pul ou plutôt pour ne pas l'apprendre, car il n'en sait pas le premier mot : son professeur était évidemment un Mañdiṅgo lettré, qui, outre qu'il a transporté pour lui dans la grammaire toutes les subtilités de la grammaire arabe, lui a encore transmis tous les vices de prononciation d'un Mañdiṅgo qui parle pul, notamment la nasalisation finale, qui n'existe que très rarement en pul : c'est ainsi que, au lieu de *mi* (je), *ndyam* (eau), il transcrit *miṅ*, *ndyaṅ*. Quant aux verbes, c'est un fouillis tel qu'il y a de quoi dérouter parfois celui qui sait le mieux le pul; ex. : *adi,* soi-disant infinitif, au lieu de *adude* (apporter).

[2]) „The extent of land, now occupied by the western Fulbe, between the young Niger on the one hand and the Senegal on the other, is called by the territorial names of Futa Jallo and Futa Toro, with the seat of government at Timbo.' (Page XIV.)

[3]) „As this nation became more numerous they had to extend their hitherto observed landmarks, and consequently spread in the direction of the great river Senegal, where a branch of this nation has obtained the name Sisibe. Along with the national and territorial increase went the necessity of electing a second king or Imam. They have since then carried on the government of the Fulbe States conjointly, and they have continued this status quo of their politics until the present day. Timbo is still the seat of

est de la pure fantaisie, et cela prouve qu'il ne faut jamais se fier sans preuves aux racontars d'un indigène auquel on a promis un cadeau, sous peine d'être indignement mystifié; c'est ce qui est arrivé particulièrement à M. Krause, lequel nous a transmis, d'ailleurs avec une parfaite bonne foi, les résultats de la mystification dont il a été la victime, dans une brochure[1]) qui a eu un certain retentissement et dont je me vois obligé de relever ici les erreurs les plus saillantes.

M. Krause, donc, est allé à Tripoli, et c'est là qu'il a recueilli les matériaux de son travail, de la bouche d'un Pul soudanais, lequel l'avait gracieusement prié, au cas où il le rencontrerait jamais, de ne pas le reconnaître[2]) : ce joyeux farceur tenait à s'éviter les reproches si mérités que sa victime ne manquerait pas de lui adresser un jour. Après avoir affirmé sans aucune preuve que les Puls occupent un domaine égal en surface au quart de l'Europe, ce qui est une simple énormité, en ce sens qu'ils seraient en tout cas très-loin d'occuper ce domaine à eux seuls, M. Krause nous raconte le plus sérieusement du monde, page 7, que les Berbers de la Sénégambie parlent arabe[3]) : or, sauf quelques tribus, les Maures de la rive droite du Sénégal, ou Maures Zénagas, parlent un dialecte berber, dont le général Faidherbe a donné depuis longtemps une grammaire abrégée et un petit vocabulaire,[4]) réim-

---

their government and the two rulers in power are the Imans Omar and Ibrahim, who are also styled kings.' (Page XVII.) — Or, en 1876, date de la publication de ce livre, les deux almamis en question, absolument inconnus l'un à l'autre, je le répète, s'appelaient Ibrahim-Sawri, pour le Futa-Dyaloñ, et Abd-ul-Bubakar, pour le Futa sénégalais. Le mot purement arabe Imam est inconnu des Puls, qui disent par corruption almami (el-Imam), mais sans se rendre compte de sa vraie origine : quant au mot roi, il n'existe pas en pul, le mot *lamdo* étant le titre d'un gouverneur subordonné à l'almami.

[1]) Ein Beitrag zur Kenntniss der fulischen Sprache in Afrika, von Gottlob Adolf Krause. Leipzig, 1884.

[2]) „.... er nicht mehr zu mir kam, nachdem er mich gebeten, dass ich, wenn ich je nach Ghāt oder Sókotō käme, ja nicht sagen solle er sei mein Freund gewesen' (p. 24).

[3]) „.... den arabisch sprechenden Berbern der dortigen Gegend.' — Le Dr. R. N. Cust est tombé en partie dans la même erreur.

[4]) Annuaire du Sénégal et dépendances pour l'année 1856.

primés depuis,[1]) le vocabulaire se trouvant encore reproduit dans un autre ouvrage.[2]) C'était donc une erreur facile à éviter.

Plus loin, page 9, M. Krause, racontant une prétendue origine des Puls, nous apprend qu'un chef arabe, ayant épousé une femme du Toro, en aurait eu quatre fils,[3]) qui seraient les aïeux des Puls actuels[4]) : cette fable ne supporte pas l'examen, parce que les Puls ne sont assurément pas des métis, même d'arabe et de négresse. Dans cette famille, qui rappelle furieusement la Tour de Babel, le père parlait arabe, la mère wakore (?), et les fils une autre langue (??), ce qui devait rendre l'entente assez difficile, le volapük n'étant pas encore inventé : une note placée au bas de la page déclare que le wakore (?) doit être la langue wolof (pourquoi?), et ajoute que les Wakores

---

[1]) Le zénaga des tribus sénégalaises, par L. Faidherbe. Paris, 1877.

[2]) Comparaison d'un vocabulaire du dialecte des Zenaga avec les vocabulaires correspondants, etc., par Em. Masqueray. Paris, 1879.

[3]) Peut-être les quatre fils Aymon?

[4]) Il est à remarquer que, dans la légende concernant l'origine des Puls et rapportée, sous des formes différentes, par divers auteurs dont aucun n'a jamais visité les bords du Sénégal, la scène se passe régulièrement dans le Toro, qu'ils semblent considérer comme une contrée mystérieuse et légendaire : or, le Toro n'a rien de mystérieux, et est, au contraire, très-connu; mais, pas plus dans le Toro que dans le reste du Futa sénégalais, il n'y a de trace de cette légende d'une authenticité plus que douteuse, rien que de ce chef. On pourrait m'objecter que le fait d'avoir été racontée par plusieurs auteurs, bien qu'avec des variantes, semble constituer à cette légende une sorte d'authenticité : mais ces divers récits, quoique puisés en apparence à des sources différentes, ne sont que des reproductions successives d'un seul et même récit primitif. Il y a là un curieux phénomène de suggestion morale, que j'ai eu bien souvent l'occasion d'observer en Afrique, et contre lequel l'Européen en quête de renseignements ne saurait trop se tenir en garde : l'indigène en arrive à avoir raconté ou plutôt répété une histoire qu'il ignorait et qu'on lui a, pour ainsi dire, soufflée inconsciemment; c'est ainsi que M. Krause a pu, de bonne foi, croire recueillir à nouveau une légende qu'il avait déjà lue, qu'il désirait beaucoup voir confirmer et que son interlocuteur ne lui a répétée que sur sa propre suggestion. Cette observation, que j'ai cru devoir faire ici, ne diminue d'ailleurs en rien la portée de mes critiques, destinées plutôt à rétablir la vérité qu'à faire ressortir la naïveté de M. Krause.

étaient des Mañdiñgos,¹) ce qui n'explique que trop imparfaitement pourquoi ils auraient parlé le wolof et non un dialecte mañdiñgo. C'est ainsi, conclut triomphalement l'auteur, d'après un écrivain pul, que la chose se trouverait écrite dans les livres. ²)

On croit rêver en lisant un pareil gâchis. Quel est cet écrivain pul? Quels sont ces livres? Y a-t-il donc des livres et des écrivains puls? C'est là une question intéressante, qu'il faut vider une bonne fois sérieusement, en faisant observer tout d'abord que M. Krause n'a vu aucun livre, et qu'il n'en parle que d'après le témoignage plus que suspect de son mystificateur.

Vers 1826, je crois, un farceur, qui n'avait jamais mis les pieds au Sénégal et ne connaissait ce pays que par les racontars de quelque matelot en goguette, publia à Paris une relation de voyage qui n'est qu'une mauvaise et grotesque plaisanterie : c'est dans ce livre que fut lancée, pour la première fois, l'idée de bibliothèques indigènes, que les lettrés cachaient dans les creux des baobabs, et cela dans une contrée de l'intérieur où il n'y a même jamais eu de baobabs. Plus tard, en 1859, le Rév. Reichardt a publié trois documents en langue pul, assez mal transcrits en lettres arabes, documents dont je n'entends nullement contester l'authenticité, mais qui ne sont que des essais isolés, dont l'éditeur n'a pu, en dix-sept et même dix-neuf ans,

---

¹) Ce qui est la seule affirmation exacte.

²) ‚So stand es in den Büchern geschrieben, sagt ein fulischer Schriftsteller.' — Ceci pourrait bien être encore de la suggestion morale; mais alors elle devient impardonnable, aussi bien de la part de celui qui l'exerce que de celui qui la subit. Un soir, il y a une vingtaine d'années, voulant expérimenter jusqu'où pouvait aller la suggestion morale, je m'étais amusé à me faire raconter par un nommé Samba-Dyinda, homme instruit et habituellement sérieux, les choses les plus insensées et les plus bouffonnes, précisément au sujet de l'origine des Puls : le lendemain matin, je le vis arriver tout penaud, et, après bien des circonlocutions, il me dit qu'il regrettait beaucoup de s'être laissé entraîner, la veille, à des mensonges que sa conscience réprouvait, attendu qu'il n'y avait de vrai sur ce sujet que la légende que je raconterai plus loin. Je lui expliquai alors l'expérience que j'avais voulu faire, et il me prouva, par des observations fort justes, qu'il me comprenait parfaitement : seulement, tout en se déclarant mon meilleur ami et mon plus grand admirateur, il me garda toujours une certaine rancune d'avoir fait l'expérience sur lui.

retrouver aucun autre specimen; cela n'est pas suffisant pour conclure à l'existence d'une littérature pul.

Dans un ouvrage linguistique publié en 1861,[1]) le Dr. Baikie parle d'une ancienne forme, maintenant éteinte, de la langue pul, qui ne serait encore connue que par des manuscrits conservés dans le Futa-Toro. Un de mes amis m'avait signalé ce fait extraordinaire depuis quelques mois dans une lettre, lorsque, dans le courant de l'année 1864, je fus envoyé à Podor, le poste qui, comme je l'ai déjà dit, commande le Toro. Le résultat de mes premières investigations fut d'apprendre que le Dr. Baikie n'était jamais venu ni dans le Toro ni dans aucune autre partie de notre colonie : il avait sans doute puisé ses renseignements au grand bazar linguistique de Sierra-Leone, ... ou peut-être même à Hong-Kong. Toujours est-il que j'ai parcouru le Futa sénégalais dans tous les sens, interrogé tous les chefs et tous les lettrés, et que nulle part je n'ai entendu parler de manuscrits en langue pul ancienne ou moderne : je suis donc en droit de traiter de fables tout ce qu'on a raconté à ce sujet. Le titre même de l'ouvrage du Dr. Baikie montre, par l'emploi inconscient du mot fulfulde,[2]) inconnu dans le Futa sénégalais et ailleurs aussi, que l'auteur connaissait fort

---

[1]) Observations on the Hausa and Fulfúlde languages, by Dr. William Balfour Baikie. London, 1861.

[2]) Le mot *fulfulde* ne signifie nullement „langue pul", comme l'affirme M. Krause (p. 7), par suite d'une étymologie fantaisiste; ce n'est pas davantage un adjectif, comme l'a pensé le Dr. Barth et comme tend à le faire supposer le Dr. Baikie : c'est, comme sa forme l'indique, une sorte de verbe à l'infinitif, terme barbare et d'ailleurs inusité, que Barth n'a donné que d'après Baikie, et qu'un indigène a forgé d'instinct, à la demande de ce dernier, pour exprimer l'idée de parler pul, absolument comme le serait le mot „franfranquer" pour exprimer l'idée de parler français. Dans le Futa sénégalais, on dit : *a nani pular?* (comprends-tu le pul? littér. entends-tu en-pul? Comparer le magyar : ért ön magyar-ul?); *mi nanata* (je ne comprends pas). D'ailleurs, le Dr. Baikie donne lui-même le mot : *wólinde* (langue), d'où on formera : *wólinde Fulbe* (la langue des Puls); au Sénégal : *bolle,* d'où : *bolle Fulbe* (la langue pul), mais jamais, au grand jamais : *bolle fulfulde.* Je pourrais citer beaucoup d'exemples qui montreraient qu'il n'y a pas en pul d'adjectifs correspondant aux noms de peuples ou de villes : on les remplace par les noms de peuples au pluriel ou les noms de villes au singulier.

peu la langue des Puls de l'Ouest, et guère plus celle des Puls de l'Est.

Enfin, renchérissant sur ses devanciers, M. Krause parle de la littérature nationale des Puls, de leurs poëtes, de leurs ouvrages religieux et historiques, même d'une grammaire pul écrite en pul, toutes choses qui n'existent que dans son ardente imagination : il parle de livres puls qui se trouveraient dans le royaume de Sokoto; mais il n'a jamais vu ni le royaume en question, ni un seul des livres. Au surplus, ni Barth ni aucun de ceux qui ont parcouru le Soudan ne souffle mot de ces merveilles, et leurs renseignements sont pourtant plus croyables que ceux puisés à Tripoli : d'ailleurs, après l'énumération pompeuse de ces ouvrages fantastiques en pul, M. Krause ajoute que tous ou presque tous sont écrits en arabe;[1] il conviendra donc, avant d'ajouter foi à des affirmations aussi invraisemblables, d'attendre des informations plus sûres et des preuves matérielles.

Chez les Puls du Sénégal, comme d'ailleurs chez toutes les peuplades musulmanes de l'Afrique, il n'y a d'autre langue écrite que l'arabe, que, seuls, quelques individus plus ou moins lettrés, que nous appelons communément des marabouts, savent lire et écrire : ils ne le comprennent pas tous également, quelques-uns même le comprennent à peine; mais ces derniers ont acquis, du moins, l'habitude de pouvoir lire dans leur langue ce qui est écrit en arabe ou écrire en arabe ce qui est dit dans leur langue. Ceci posé, supposons qu'un Dyolof des environs de Saint-Louis veuille adresser une lettre à un Pul de Matam pour lui parler d'un Européen qu'il connaît : il ira trouver un marabout et lui dictera, entre autres, la phrase suivante en wolof : *tubab bile báyna lăl* (ce blanc est très-bon); le marabout écrira en arabe plus ou moins correct : راه ألفرنجى هذا ملیح بألّزاف (cet Européen est très-bon). Le Pul, en recevant la lettre, ira également la porter à un marabout, qui, après avoir déchiffré à voix basse, lira à haute voix en pul : *tubak ko o*

---

[1] „Alle diese Bücher oder doch die meisten sind in arabischer Sprache geschrieben" (p. 22). — Se laisser mystifier, cela passe encore; mais être inconséquent à ce point n'est pas le fait d'un savant sérieux.

módyo nohévi (ce blanc est très-bon). Et de même partout où il y a des marabouts lisant et écrivant l'arabe. Quelquefois, cependant, s'il s'agit d'une communication de Pul à Pul, et surtout si le marabout sait moins écrire l'arabe que le lire, ce dernier transcrira de son mieux le texte pul en caractères arabes, Dieu sait avec quelles incorrections : mais l'alphabet arabe, même modifié, se prête si mal à la transcription du pul,[1]) comme d'ailleurs de toutes les langues indigènes, que ces essais sont toujours très-difficiles et le plus souvent parfaitement impossibles à déchiffrer ; j'en ai eu quelques-uns entre les mains, et je puis affirmer qu'ils n'ont aucune valeur littéraire.

Que quelques lettrés arabisants de l'intérieur se soient livrés à des tentatives littéraires en pul ou dans toute autre langue, la chose n'a en elle-même rien d'impossible; mais, outre qu'ils ont dû être bien vite rebutés par les difficultés de la transcription en caractères arabes, il est certain que leurs élucubrations, beaucoup trop empreintes d'arabismes, doivent être aussi incompréhensibles pour leurs compatriotes que les traductions de la Bible faites par les missionnaires.

M. Krause revient encore, plus loin, page 23, sur son assertion favorite, à savoir que les Puls possèdent des livres écrits dans leur langue : nous avons vu ce qu'il faut penser d'une pareille affirmation, d'ailleurs démentie par l'auteur lui-même. L'alphabet arabe donné, pages 29—35, pour la transcription du pul, ne saurait être une preuve : les transcriptions faites d'après cet alphabet, où le ض arabe semble représenter le son du *v* français[2]) (ou de l'*l*, car on ne sait trop), ne seraient certainement comprises que de quelques adeptes ou élèves de celui qui l'a inventé, et c'est une erreur grave que de le donner comme étant généralement employé, même seulement par les Puls de l'Est.

Je ne m'arrêterai pas à discuter les élucubrations grammaticales de M. Krause : ses futurs antérieurs et ses infinitifs

---

[1]) J'ai choisi exprès une phrase relativement facile à transcrire.
[2]) Je comprendrais une notation dérivée de ڢ (*f*, notation algérienne), par ex. : ڥ.

de plus-que-parfait m'ont fait rire aux larmes, et je ne saurais prendre un mot de tout cela au sérieux. Mais le bouquet, c'est que ce savant, qui a la prétention de nous initier aux plus délicates subtilités de la grammaire pul, reproduit en caractères arabes, pages 86—87, une fable pul, dont il n'est pas capable de donner la traduction, et que, d'après son propre aveu, il n'aurait même pas pu lire et transcrire en caractères européens sans l'aide de son professeur d'occasion.

Je reviens maintenant à mes observations purement personnelles sur les Puls.

Les Puls ont la peau assez claire, d'un brun rougeâtre ou marron clair : ils ont les cheveux crépus, mais non laineux comme ceux de certains nègres,[1]) et c'est là, selon moi, un détail des plus importants. Leur profil est assez régulier; leur nez est généralement droit, quelquefois même aquilin, jamais épaté; leurs oreilles sont petites et souvent fort bien faites. Ils sont, d'ordinaire, de taille moyenne, mais plutôt petits que grands, très bien faits de corps, sveltes et peu enclins à l'obésité : un grand nombre de femmes de cette race ont des formes vraiment fines et sculpturales, quand la maternité ne les a pas encore déformées.

La plupart des Puls portent deux tresses de cheveux partant des tempes et pendant le long des joues, ce qui, avec leur barbe courte et clairsemée, les fait ressembler d'une manière assez frappante à ces Juifs de Galicie qu'on voit arriver à Vienne avec leurs deux boucles de cheveux tombant également sur les côtes de la figure : je ne fais que noter au passage cette observation, qui n'est pas sans relations avec ce que je dirai plus loin sur l'origine des Puls et de certains nègres soudaniens, ou

---

[1]) Je ne saurais accepter la dénomination de races à cheveux laineux, „wollhaarige Rassen", adoptée par le Prof. Fr. Müller pour désigner indistinctement tous les nègres de l'Afrique : ceux qui parlent les langues soudaniennes ont les cheveux seulement crépus, et l'expression en question ne s'applique avec justesse qu'à ceux qui parlent les langues à préfixes; la confusion vient de ce que ce sont surtout ces derniers qu'on rencontre à peu près partout sur les côtes.

du moins sur mes conjectures à ce sujet; insister davantage m'exposerait à me laisser entraîner dans des considérations trop longues et trop délicates pour trouver place ici.

Dans tous les pays habités par les Puls, aussi bien dans le Futa sénégalais et le Futa-Dyaloŋ que dans l'intérieur du Soudan, au témoignage de Barth, on trouve, à côté d'eux et parlant la même langue qu'eux, une race, pour ainsi dire parasite, de noirs que, faute d'un nom générique plus exact, j'appellerai Tukulörs, du nom qu'on leur donne au Sénégal.

Les Tukulörs sont des noirs, et point des métis : leur nez est quelquefois légèrement déprimé, mais l'ensemble de leur visage est assez agréable; ils ont les lèvres beaucoup moins fortes que les autres nègres. Ils sont plutôt grands que petits, généralement bien faits et bien découplés, mais sans avoir la finesse d'attaches qui caractérise les Puls. Les uns et les autres ont l'air intelligent; seulement les Tukulörs joignent à cela un air d'astuce que leurs habitudes sont loin de démentir.

Les Puls et les Tukulörs vivent les uns à côté des autres, sous le même gouvernement, mais sans jamais se confondre : les premiers, ou bien pasteurs et relativement nomades, ou bien, mais plus rarement, cultivateurs et groupés dans de grands villages; les seconds toujours sédentaires, adonnés à la culture, à la pêche et à quelques industries moins répandues, surtout celle de tisserands; il n'y a pas de forgerons parmi ces derniers, ce sont des Maures ambulants qui exercent ce métier avec une adresse vraiment surprenante, en raison du peu d'outils qu'ils possèdent.

Il y a assurément des métis de Puls et de Tukulörs ou d'autres noirs, mais beaucoup moins qu'on pourrait le croire, et, en tout cas, je le répète comme une conviction que j'ai acquise sur les lieux, la masse générale des Puls et des Tukulörs est de race pure, chacune dans son genre. Le général Faidherbe a complétement méconnu cette vérité, bien que l'étymologie qu'il a donnée du mot Tukulör eût dû l'éclairer : il ignorait sans doute l'existence des Tukulörs dans le Futa-Dyaloŋ et le Soudan.

„Le pays de Tekrour", dit-il,[1] „est signalé par les auteurs comme s'étant converti le premier à l'islamisme. Tekrour était sur le Niger, en amont de Tombouctou. Le nom de Tekrour est certainement un nom berbère: les Soudaniens ne pourraient pas le prononcer à cause de la consonne double et des deux *r* successives. Ils diraient Tokoror, ou plutôt Tokolor, à cause de la parenté de l'*l* et de l'*r* qui étaient confondus chez les Égyptiens.

„La population de Tekrour était-elle poul ou non?" Ici, je ne puis suivre le récit de l'auteur, et je dois lui substituer le mien, basé sur des traditions que j'ai recueillies moi-même.

La population de Tekrur était formée de noirs, les aïeux de ceux que j'ai signalés comme vivant partout côte à côte avec les Puls: cette population s'étendait au loin, à l'Est et à l'Ouest, et occupait une notable portion du Soudan, ce qui explique pourquoi nous voyons dans nos vieilles cartes géographiques Tekrur ou Soudan. Il est certain que ce nom n'a jamais servi à désigner la race pul, dont il n'est question que postérieurement aux indications qui précèdent, et qui ne pouvait être confondue avec la race tekrur, malgré un voisinage ou même une pénétration datant déjà de fort loin.

Les noirs tekrur vinrent-ils dans le Futa sénégalais en même temps que les Puls, ou bien y avaient-ils précédé ces derniers depuis longtemps? Pour des raisons trop longues à développer ici, j'incline en faveur de la dernière hypothèse, et je considère les noirs tekrur comme ayant été, jusque dans le Toro, les précurseurs des Puls. Quoi qu'il en soit, les Maures du Sénégal appliquèrent à ces noirs, et non à d'autres, le nom de Tekruri, d'où les noirs de notre colonie, et par suite les Français, ont fait Tokoror, Tokolor, Tukulör (Toucouleur). Mais, et c'est ici que je me sépare le plus fortement des opinions émises par le général Faidherbe, nulle part et dans l'esprit d'aucun indigène, le mot Tukulör n'implique l'idée de „Pul croisé de noir". Les Tukulörs se désignent eux-mêmes par l'expression *al pular*,

---

[1] Grammaire et vocabulaire de la langue Poul, par le général Faidherbe. 2ᵉ édit. Paris. 1882.

que le général Faidherbe[1]) traduit audacieusement : *al* (les) *pular* (Toucouleurs), comme si c'était de l'arabe, اَلْ پُلَر ; mais qui signifie réellement : *al* (non, pour *ala*) *pular* (en-pul), c'est-à-dire „ceux qui, bien que vivant à côté des ‚Puls, ne sont pas eux-mêmes des Puls'.

Et maintenant, laissant à peu près de côté les Tukulörs et réservant pour un travail plus étendu un essai d'histoire générale des Puls, je veux, à mon tour, dire quelques mots sur l'origine si controversée de cette race, d'après les impressions que j'ai pu recueillir pendant mon séjour au Sénégal.

Je regrette de ne pas me rappeler le nom du savant qui faisait descendre les Puls des débris d'une légion romaine égarée dans le désert : il est bon de rire de temps en temps; mais je ne pousserai pas la plaisanterie jusqu'à discuter celle-là.

M. d'Eichthal est allé chercher l'origine des Puls jusque dans l'Archipel Indien et la Polynésie, en se basant sur quelques ressemblances de mots tout à fait fortuites : la vérité est que, dans l'état actuel de nos connaissances, la linguistique ne nous fournit aucun indice pour la solution de ce problème. On a voulu, sans motif d'ailleurs, rattacher la langue pul au groupe des langues nubiennes; mais il a bien fallu renoncer à une hypothèse que rien ne confirmait, du moins au point de vue linguistique : quant au côté ethnologique de la question, j'avoue n'avoir pas une confiance absolue dans les rapprochements opérés au moyen de la comparaison des crânes et des tibias. Je connais, ou plutôt j'ai connu l'individu auquel appartenait de son vivant le crâne qui, depuis une vingtaine d'années, a le plus servi aux savants français à étudier les caractères du crâne des Puls : or, cet individu était, non pas un Pul, mais bien un Tukulör, et encore de race très mêlée, nommé Sire-Díya.

Quoi qu'il en soit, ma ferme conviction est que les Puls sont venus de l'Est, mais à une époque très-reculée, ce qui expliquerait déjà pourquoi il est difficile, pourquoi même il a été

---

[1]) Loc. cit., p. 95.

impossible jusqu'à présent de découvrir une parenté entre des langues séparées depuis si longtemps, d'autant plus qu'on n'a sans doute pas cherché où il fallait, en admettant que les langues parentes n'aient pas disparu dans le cours des siècles.

Le général Faidherbe semble être le seul qui ait apporté à l'appui de cette hypothèse une preuve matérielle, dont je ne voudrais cependant pas exagérer l'importance, mais qui n'est pas sans avoir une certaine valeur : „Les Puls', dit-il, „qui deviennent les maîtres du Soudan depuis leur conversion générale à l'islamisme, ... y sont peut-être anciennement venus de l'Orient, amenant avec eux le bœuf à bosse (zébu), qui est le même que celui de la Haute-Égypte et de la côte orientale d'Afrique.' J'ajouterai même que, dans mon opinion, ce ne sont pas les seuls indigènes de l'Afrique qui soient venus de l'Orient.

Les Puls, bien que n'ayant aucune littérature écrite, ont cependant une grande quantité de légendes orales, dont la tradition se conserve fidèlement parmi eux : pendant mon séjour dans le Futa sénégalais, j'en avais recueilli par écrit un assez grand nombre, que j'ai malheureusement perdues sans les avoir utilisées; mais l'impression que ces récits m'avaient laissée est toujours restée très-vivace chez moi. J'écarte naturellement toutes les légendes venues par l'islamisme, lesquelles ne sont que des récits du Coran ou des auteurs arabes, plus ou moins adaptés, ou, si l'on veut, travestis à l'usage des indigènes, et ne remontant guère plus haut que la période historique de l'hégire; quant aux autres, celles dont je veux m'occuper ici, elles m'ont paru avoir une origine beaucoup plus reculée et surtout ne pas avoir passé par la transformation musulmane. Ces dernières se composent surtout de récits de l'ancienne histoire du peuple israélite, dans lesquels Moïse joue un grand rôle, et, bien que certains passages soient également transformés, ou mieux assimilés, l'ensemble exhale un parfum biblique et hébraïque qui semble exclure toute influence arabe. Toutefois, cette série à peu près ininterrompue de légendes s'arrête presque brusquement après Salomon, et, si elle reprend pour narrer la vie et les miracles du Christ, les lacunes et les erreurs qui sautent aux yeux démontrent que cette dernière période a été connue, non pas directement, comme la première, mais par des récits venus de loin, en tout cas, j'en ai la conviction, par des récits chrétiens. Pendant toute la première période qui, au point de vue des récits, remonte même au-delà de leur origine telle que je la raconterai tout à l'heure, il semble que les Puls, s'ils n'ont pas eux-mêmes professé la religion juive, ce que je serais plus disposé à affirmer qu'à nier, aient du moins été en contact permanent avec le peuple juif depuis les temps les plus reculés jusqu'à l'époque de Salomon, et que, pendant ce temps, soumis d'une façon ou d'une autre à l'influence israélite, ils aient recueilli directement toutes les légendes qui forment cette partie de l'Ancien Testament.[1]) A l'époque de la venue du Christ, au contraire, il semble que les Puls fussent depuis longtemps séparés du peuple juif, dont ils avaient presque perdu le souvenir, et que les événements de cette période ne soient parvenus à leur connaissance que très-affaiblis par la distance.

Je sais bien qu'on m'objectera que, de tout temps, au moins depuis l'Exode, il y a eu des Juifs dans quelques parties de l'Afrique, et même, au dire de certains voyageurs, à Timbuktu: ainsi s'expliqueraient tout naturellement les légendes dont je viens de parler. Mais, d'abord, rien ne prouve que les Puls aient été en contact assez intime avec les rares Juifs de l'Afrique orientale ou même centrale pour s'imprégner aussi bien de l'histoire de ces derniers; tout au plus certains individus auraient-ils pu recueillir quelques légendes juives, mais seulement à titre de curiosité, et non pour les répandre comme articles de foi parmi tous ceux de leur race. D'ailleurs, dans ce cas, pourquoi ces légendes s'arrêteraient-elles brusquement après

---

[1]) Il convient d'observer que les Puls racontent l'histoire de cette période, non comme celle d'un peuple étranger, mais comme la leur propre, tellement l'assimilation a été complète: ils n'ont pas de mot spécial pour désigner le peuple juif, et ils parlent d'Abraham, de Moïse et des autres comme d'individus ayant appartenu à la même race qu'eux ou tout au moins à une race très-voisine.

la mort de Salomon? Et puis, seraient-ce donc des Juifs qui auraient raconté la vie du Christ dans un sens plutôt chrétien? Non! Les légendes bibliques ont certainement été recueillies auprès des Juifs lorsqu'ils étaient encore un peuple fort et puissant, et ce fait peut seul expliquer qu'elles aient survécu avec autant de vitalité à la catastrophe qui a rejeté les Puls vers l'Occident, à une époque et dans des circonstances qui seront peut-être déterminées un jour.

Musulmans très-fanatiques dans les pratiques extérieures du culte, beaucoup moins cependant que les Tukulörs, les Puls, lorsqu'on les pratique depuis longtemps et qu'on est parvenu à gagner leur confiance, laissent voir bien clairement que le matérialisme grossier du mahométisme ne les a pas entièrement pénétrés, et qu'il y a chez eux un vieux fonds de spiritualisme qui domine encore malgré tout : ils sourient discrètement lorsqu'on leur parle des joies que Mahomet réserve à ses élus dans son paradis, mais sans paraître y attacher grande importance, sans même avoir l'air d'y croire beaucoup, et pour un peu ils diraient volontiers que c'est nous autres, chrétiens, qui avons inventé cela pour décrier Mahomet; ils semblent, sans oser trop l'avouer nettement, avoir une toute autre idée de la vie future. En un mot, ils professent en réalité une sorte de mahométisme judéo-chrétien, l'enveloppe musulmane n'ayant pu parvenir à étouffer de vieilles croyances et ayant même laissé subsister quelques pratiques extérieures purement mosaïques.[1])

Mungo-Park avait déjà signalé des faits analogues, dans un passage que je crois intéressant de reproduire ici :

„..... je découvris que les nègres possèdent, entre autres, une traduction (arabe) des cinq livres de Moïse, qu'ils appellent Tawreta la Muza ...... J'ai également trouvé une traduction des Psaumes de David (Zabora Davidi) et du livre d'Isaïe (Liñili la Iza), ...

„Au moyen de ces livres, les nègres qui professent le mahométisme ont pu acquérir la connaissanc des événements les

---

[1]) Telles sont, entre autres, les prescriptions du Deutéronome : XXIII, 12—14; XXV, 1—3.

plus remarquables de l'Ancien Testament. Je citerai particulièrement l'histoire des premiers hommes, la mort d'Abel, le déluge, la vie d'Abraham, d'Isaac et de Jacob, l'histoire de Joseph et de ses frères, les hauts faits de Moïse, de David et de Salomon. Plusieurs nègres m'ont raconté couramment toutes ces choses en mandingue, et, comme je m'étonnais qu'ils connussent ces événements, ils s'étonnaient encore bien davantage que j'en eusse aussi connaissance.'

Absolument ce qui m'arrivait journellement à moi aussi.

L'existence de manuscrits bibliques serait un fait très-important à vérifier, et je ne sache pas qu'il l'ait encore été: quant à moi, je n'ai jamais entendu parler de pareille chose, même chez les Mañdiñgos. Mungo-Park en savait juste assez pour distinguer l'écriture arabe de l'écriture chinoise : aurait-il été victime d'une de ces mystifications auxquelles se laissent facilement entraîner les indigènes? Je crois prudent de réserver la question, et, cette réserve faite, le reste des observations de Mungo Park, bien que s'appliquant aux Mañdiñgos et non aux Puls, ne fait que corroborer les miennes, en y ajoutant ce fait, que les Mañdiñgos seraient également venus de l'Orient[1]) : pour ces derniers, d'ailleurs, la preuve linguistique pourra sans doute être faite un jour. Il y a, dans plusieurs dialectes mañdiñgos, des analogies lexicographiques et grammaticales remarquables avec le magyar et d'autres langues du même groupe : je ne fais que les signaler ici en passant, sans vouloir m'y arrêter autrement; mais j'espère pouvoir sous peu traiter ce sujet intéressant.

---

[1]) En admettant que les Mañdiñgos et d'autres nègres encore soient venus de l'Orient, je n'entends en aucune façon leur assigner la même origine qu'aux Puls, et surtout je réserve formellement pour ces derniers seuls les comparaisons que j'ai pu indiquer ou laisser soupçonner entre eux et les Juifs, soit au point de vue d'une communauté ou d'un voisinage primitif de race ou d'habitat, soit au point de vue d'une ancienne communauté de religion. Les Mañdiñgos ont très-bien pu apporter les légendes juives de l'Orient sans avoir jamais eu rien de commun avec les Israélites : leur matérialisme grossier et leurs coutumes obscènes, par exemple la danse du *beŋgala* (phallus), s'opposent, de ce chef, à toute confusion avec les Puls.

Avant d'aller plus loin, je dois faire observer que les Puls, quoique différant du tout au tout des nègres, ne semblent pas avoir la prétention de se séparer d'eux au point de vue ethnographique : ce que je vais dire ici s'applique donc un peu malgré moi, d'une manière assez générale, aux nègres qui, dans le centre ou l'Ouest de l'Afrique, parlent les langues que j'ai appelées soudaniennes, mais à ceux-là seulement, et non aux autres; toutefois, je rappelle les réserves que j'ai faites.

Parmi les légendes qui m'avaient été racontées, aussi bien chez les Puls que chez les autres indigènes, il en est une qui se rattache directement à mon sujet, et qui, toute enfantine qu'elle puisse paraître au premier abord, n'en a pas moins une certaine importance; la voici telle que je me la rappelle :

„Noé, qui était cultivateur, s'enivra un jour avec une boisson fermentée : alors Ḥam, le plus jeune de ses fils, le tourna en dérision devant ses fils, ses frères et leurs fils. Noé, s'étant réveillé, entra dans une grande colère et saisit une poignée de boue noire, pour la jeter sur Ḥam, qui prit la fuite, suivi de ses fils. La boue atteignit un des fils de Ḥam, lequel devint immédiatement nègre, ainsi que l'ont été depuis tous ses descendants : seulement, en se baissant pour éviter la boue, il avait posé les mains par terre, ce qui fit que les paumes de ses mains et les plantes de ses pieds restèrent blanches.'

Donc, les indigènes se rangent eux-mêmes dans la descendance de Ḥam, contrairement à l'opinion des savants : ceux-ci, arguant de la prétendue absence de la tradition du déluge chez la race noire et du fait que cette race n'est pas expressément nommée dans la Genèse, l'ont rejetée de l'ethnographie de la Bible. Or, s'il est exact d'affirmer que la tradition du déluge n'existe pas chez les nègres qui parlent les langues à préfixes, il est faux de prétendre qu'elle n'existe pas non plus chez les autres : pour moi, je l'ai trouvée chez les Puls, chez les Mañdiñgos, chez les Bambaras, chez les Sereχules, et elle existe certainement encore chez d'autres peuplades de l'intérieur. Il n'y aurait donc rien d'anormal, sauf à régler la question de couleur, à ranger ces races dans la descendance de Ḥam, telle qu'elle est indiquée, sommairement et sans doute avec des oublis,¹) dans la Bible, d'autant plus que nul ne sait encore aujourd'hui où sont passés tous les peuples qui la composaient certainement et dont plusieurs ne sont pas cités.²) En tout cas, le nom de Poûl est cité dans un passage biblique reproduit par Flav. Josèphe,³) mais malheureusement sans aucune indication précise qui permettrait d'affirmer que ce mot est exactement transcrit, comme l'a supposé Fr. Lenormant.

Au surplus, je ne veux pas pousser plus loin cette recherche, qui exigerait à elle seule un travail complet : il me suffit, pour le moment, d'avoir soulevé la question et d'avoir montré qu'en cessant d'exclure systématiquement certains peuples de l'ethnographie de la Bible on pourrait peut-être arriver à une solution satisfaisante du problème de l'origine de ces peuples.

Je reste donc convaincu, jusqu'à preuve contraire, que les Puls et peut-être aussi certains nègres soudaniens, sinon tous, sont venus de l'Asie, qu'ils ont dû quitter à une époque assez reculée, mais cependant pas avant les temps de Salomon, emportant dans leur migration, du moins les Puls, le trésor de légendes que nous retrouvons chez eux et peut-être même des manuscrits écrits dans quelque langue inconnue, qu'on aurait traduits plus tard en arabe.⁴) Qui sait si les papyrus en écriture ‚méroïtique' qui font partie de la collection de S. A. I. et R. Mgr. l'archiduc Rainer⁵) ne nous livreront pas tout d'un coup la clef du mystère?

* * *

---

¹) Genèse, X, 15—18. La descendance de Pût, fils de Ḥam et frère de Kena'an, n'est pas donnée. Cf. Pût et Fut-a, en se souvenant bien de ce fait, que les noms de la généalogie biblique sont des noms de peuples, de pays ou de villes, et non des noms d'individus, ‚gentes non homines' (St Augustin, De civ. Dei, XVIII, 3) : coïncidence fortuite de mots, c'est possible après tout, mais cependant assez curieuse pour mériter d'être signalée.

²) Sait-on même où sont passées dix des douze tribus d'Israhel?

³) V. Fr. Lenormant : Les origines de l'histoire, etc., 2ᵉ édit., in-12 (1884), tome II, 2ᵉ partie, p. 3.

⁴) Je reste, malgré tout, très-sceptique sur la question des manuscrits.

⁵) Dans le papyrus n° 191 de cette collection, on trouve le nom de ‚Samba', qui n'est plus connu en Égypte, du moins je le crois, mais qui,

Je veux enfin, en terminant, présenter une observation qui m'a été suggérée par mes rapports personnels avec les indigènes.

Les missionnaires se donnent le plus grand mal pour enseigner aux enfants de l'Afrique à lire et à écrire leur propre langue transcrite en caractères romains, sans négliger pour cela de leur apprendre le français ou l'anglais, selon le cas, et en agissant ainsi ils rendent les plus grands services à la cause de la civilisation et de l'émancipation intellectuelle de ces races. Les gouvernements coloniaux ne semblent pas avoir compris toute la grandeur et la noblesse de cette tâche, qui entraîne avec elle un résultat pratique indéniable[1]) : le gouvernement français, par exemple, entretient des écoles où on enseigne aux enfants le français, mais dont les maîtres croiraient déroger en apprenant pour leur propre compte la langue des indigènes, afin de pouvoir ensuite leur enseigner à la lire et à l'écrire en caractères romains. Il n'y a pas, dans toute la colonie du Sénégal, un seul interprète européen, même pour les traductions arabes, et on est obligé de se contenter d'interprètes indigènes,[2]) dont la fidélité ne sait pas toujours résister à certaines passions et qui n'ont que trop souvent induit en erreur ceux qu'ils étaient chargés d'éclairer : l'étude des langues indigènes n'est point encouragée parmi les fonctionnaires civils et militaires de la colonie, et il s'est même formé à Paris une société

---

en revanche, est si commun aujourd'hui dans le Soudan occidental, ainsi que son féminin ‚Kumba'.

[1]) Il serait, en effet, d'une bonne politique d'amener peu à peu à nous ces races par une instruction bien comprise, plutôt que de les laisser exploiter commercialement et de permettre qu'on les empoisonne avec des liquides frelatés à base d'acide sulfurique; j'en parle savamment : il n'est cependant pas indispensable, pour les instruire, de faire lire aux enfants, comme je l'ai vu faire, du Voltaire et du Rousseau, voire même du Montesquieu, dont ils ne comprennent jamais un traître mot, ce dont je ne songe pas d'ailleurs à les plaindre.

[2]) Absolument illettrés, sauf deux qui peuvent lire et écrire l'arabe, mais nullement le français ou une langue indigène quelconque en caractères romains.

pour encourager la propagation exclusive de la langue française dans les colonies.

C'est une erreur grave de croire qu'on parviendra à remplacer les langues indigènes par le français : les premières subsisteront nécessairement toujours, et, avec le système en vigueur aujourd'hui, il arrivera certainement que le français sera compris par un plus grand nombre d'indigènes, mais aussi que les Français continueront à comprendre de moins en moins ces derniers : ce sera là un résultat déplorable à tous égards. L'adoption du système employé par les missionnaires serait d'ailleurs un excellent moyen d'arriver à détruire ou tout au moins à amoindrir l'influence politico-religieuse des marabouts, auxquels les indigènes auraient de moins en moins besoin de recourir pour les nécessités de leurs correspondances. Deux exemples vont montrer combien la connaissance des langues indigènes est indispensable à tout Européen occupant une fonction quelconque en Afrique.

En 1862, je commandais par intérim le poste de Sedyu, en Cazamance, lorsqu'un traitant mulâtre, pour lequel j'avais à établir les papiers de bord d'un côtre qu'il venait de faire construire, ne trouva rien de plus drôle que de vouloir le baptiser d'un nom indigène : „Buntegat" (Porta ani) : si je n'avais pas su assez de wolof pour éviter le piège qui m'était tendu, je risquais de compromettre fort la dignité de l'autorité française aux yeux des indigènes, qui goûtent très peu ces plaisanteries obscènes.

Vers la fin de la même année, je venais de prendre le commandement du poste de Matam, lorsqu'un jour, tandis que mon interprète traduisait en pul à un chef de village un ultimatum que j'avais à lui signifier, j'entendis ce dernier grommeler à demi-voix les deux injures les plus graves qu'un Pul puisse adresser à son interlocuteur : „Solde βáma! Aldere yumma!" (Partes genitales patris tui! Pudenda matris tuæ!). Grossièrement insulté, sans que d'ailleurs mon interprète m'en eût prévenu, je fis ce que tout autre aurait fait à ma place : comme la vigueur réussit toujours très-bien auprès des indigènes, quand elle est justifiée, le chef s'excusa humblement, et, la chose s'étant ébruitée, nul n'osa plus risquer une plaisanterie de ce genre devant moi.

Je n'en finirais pas de raconter les ennuis que je m'attirais lorsque j'avais l'audace de ne pas vouloir soutenir les protégés de mon interprète : mais je ne puis assez dire combien la connaissance des langues parlées par les indigènes qui m'entouraient m'a été utile à cette époque et avait contribué à me faire parmi eux un renom de fermeté et de justice, sans compter qu'une fois cela m'a sauvé la vie.

Il serait donc grandement à souhaiter qu'on reprît, dans le sens que j'indique, les essais si fructueux qui avaient été tentés au Sénégal, vers 1820 ou 1825, sous la haute impulsion du baron Roger, et, si on le faisait, l'adoption d'un système rationnel et uniforme de transcription s'imposerait tout d'abord : c'est sur ce vœu que je tiens à m'arrêter.

Ueber den ägyptischen Namen Joseph's.
(Genesis, 41, 45.)

Von

J. Krall.

Neben Herodot haben die auf Aegypten bezüglichen Stellen der Bibel die ägyptologische Forschung in ihren Anfängen mächtig gefördert. Diese trägt sonach nur eine alte Schuld ab, wenn sie ihrerseits zur Erklärung dieser Bibelstellen Beiträge liefert. Der theologischen Forschung bleibt es vorbehalten, die auf neutralem Boden gewonnenen Ergebnisse für ihre Zwecke zu verwerthen.

Es soll im folgenden eine neue Auffassung jenes bekannten צָפְנַת פַּעְנֵחַ, welches seit dem Geschichtsschreiber Josephos die Forschung so mannigfach beschäftigt hat, begründet werden. Man hat sich daran gewöhnt, in dem fraglichen Worte die hebräische Umschreibung der ägyptischen Benennung einer von Pharao an Joseph verliehenen Würde zu sehen. Von den aufgestellten Erklärungsversuchen seien zwei namhaft gemacht: nach dem einen läge uns in צפנת פענח ein ägyptisches *za p-u nte p-a-'anch*, ‚Landpfleger des Bezirkes von der Stätte des Lebens', welches den Titel des Landpflegers des sethroïtischen Nomos darstellen sollte,[1]) nach dem anderen der Titel eines ägyptischen Schreibers und Priesters $\theta t\text{-}nt\text{-}pr\text{-}'anch$ vor.[2])

---

[1]) Brugsch, Geschichte Aegyptens, S. 248 u. A. unter Hinweis, dass Pi-'anch eine besondere Bezeichnung des Hauptortes des sethroïtischen Nomos in der heiligen Sprache war.

[2]) Erman in der Aeg. Z., 1883, S. 59 u. A. 2.

Lassen sich in beiden Fällen die nach den Transcriptionsgesetzen erforderlichen Consonanten zur Noth ausfindig machen, so unterliegen doch beide Erklärungen starken sachlichen Bedenken. In dem ersteren Falle sehen wir, vollends nach den Funden von Naville, nicht ein, warum Joseph zum Landpfleger speciell des sethroïtischen Nomos hätte bestellt werden sollen, und selbst dies zugegeben, könnten wir die nach der Genesis von Joseph getroffenen Massregeln nicht mit dem Amte eines solchen Landpflegers für vereinbar ansehen. Noch weniger gilt dies von der verhältnissmässig unbedeutenden Priesterwürde, welche dem zweiten Erklärungsversuche zu Grunde liegt. Dazu kommt die Schwierigkeit, dass Joseph, der bestenfalls nur in sehr mässigem Grade der ägyptischen Sprache kundig sein konnte, gerade ein Amt bekleidet haben sollte, bei dem die Kenntniss ägyptischer Sprache und Literatur Hauptbedingung sein musste.

Jede neue Durchforschung lässt uns die bis ins Einzelne genaue Kenntniss ägyptischer Verhältnisse bei den biblischen Erzählern erkennen und in allen Fällen, in denen man bisher Irrthümer in den einschlägigen Theilen der Bibel erkennen wollte, hat sich vielmehr eine unzureichende Kenntniss des Thatbestandes von Seiten der neueren Forscher herausgestellt.

Zudem erscheint es unzulässig, auf blossen lautlichen Gleichklang hin die Gleichsetzung des hebräischen und ägyptischen Ausdruckes vorzunehmen, es handelt sich vielmehr in erster Reihe darum, die Stellung Joseph's am Hofe Pharao's im Sinne des Erzählers der Genesis zu erfassen, um so aus dem ganzen Zusammenhang heraus die Möglichkeit der richtigen Erklärung der hebräischen Benennung zu gewinnen. Tausende von Inschriften geben uns über den Beamtenschematismus der Thetmôsiden- und Ramessidenzeit willkommenen Aufschluss. Sind die Angaben der Genesis zuverlässig, so muss es gelingen, unter den Hunderten von Aemtern am Hofe Pharao's dasjenige ausfindig zu machen, welchem Joseph's Stellung in den entscheidenden Punkten entsprach. Hier tritt uns einer der Hauptwürdenträger aus der Zeit Amenôthes III. (um 1400 v. Ch.) Ch'a-m-ḥ'a oder, wie wir nach griechischen Transcriptionsprincipien lieber sagen wollen, Chames[1]) entgegen, dessen in Scheich 'Abd el Qurnah befindliches Grab zum Theile von Lepsius[2]) und Prisse d'Avennes,[3]) in seinem inschriftlichen Bestande ganz von Victor Loret[4]) publicirt worden ist. Er wird in demselben als ‚Vorsteher der Speicher Ober- und Unterägyptens' bezeichnet. Als solcher hatte er mit einem Tributeinnehmer der arabischen Zeit oder einem modernen Finanzminister grosse Aehnlichkeit. ‚Vorsteher der Scheunen Ober- und Unterägyptens' nennen auch andere Monumente, einer mit Namen Se-isis kommt auf einer Wiener Stele vor.[5])

Aus einer Reihe von Darstellungen dieses Grabes sind wir über die Thätigkeit von Chames näher unterrichtet. In der einen nimmt Pharao die Verzeichnisse des Ertrages der Ernte des Süd- und Nordlandes für ein bestimmtes Jahr, wir werden gleich sehen welches, in Empfang — — in der anderen werden Belohnungen an die opferwilligen Steuerzahler vertheilt — .

Was diesen Darstellungen erhöhte Bedeutung verleiht, ist der Umstand, dass die Inschriften, welche sie begleiten, über das Wesen der ägyptischen, aus dem Decrete von Rosette bekannten Triakontaëteris in erwünschtester Weise Aufschluss geben. Ich habe an einer anderen Stelle diese Triakontaëteriden mit dem Indictionscyclus der Kaiserzeit in Verbindung gebracht.[6]) Aus den Angaben der griechischen und koptischen Papyrus der erzherzoglichen Sammlung geht der Zusammenhang dieses fünfzehnjährigen Cyclus mit dem Steuerwesen klar hervor. Neben den sonst bekannten Indictionsepochen haben diese Papyrus uns eine neue kennen gelehrt, um den 14. Juni (= 20. Payni ale-

---

[1]) So gebildet nach Analogie von Χαμοΐς = Ch'a-m-uas und Ἀμενέμης = Amn-m-ḥ'a.

[2]) III L, 76, 77.

[3]) Monuments, T. XXXIX—XLII.

[4]) Mémoires de la mission archéologique au Caire, Bd. 1, S. 113 ff.

[5]) Nr. 53. Vgl. Recueil de travaux relatifs à la philologie et l'archéologie égyptiennes et assyriennes, VI, 42.

[6]) Mittheilungen aus der Sammlung der Papyrus Erzherzog Rainer, I, S. 12.

xandrinisch). Sie ist durch die Vollendung der Haupternte in Aegypten bedingt, welche ihrerseits von der Nilschwelle abhängt; dem entspricht es, wenn in einem griechischen Papyrus diese ägyptische Indiction geradezu als Ἰνδικτιων Νειλου bezeichnet wird.[1])

Zeigt sich die Verwaltung des römischen Kaiserreiches durch ägyptische Einrichtungen der Ptolemäer- und damit mittelbar der pharaonischen Zeit beeinflusst, so lag es nahe, auch für den Steuercyclus, der gleich nach seiner Einführung durch Constantin in den Faijûmer Papyrus auftaucht, nach einem ägyptischen Vorbilde zu suchen. Verschiedene Angaben später, namentlich demotischer Texte, welche freilich einzeln wegen der Unsicherheit in der Lesung des Demotischen anfechtbar sind, liessen uns die Vermuthung als zulässig erscheinen, dass der bisher ganz unerklärliche Cyclus von dreissig Jahren das altägyptische Vorbild des Indictionscyclus darstellt. Diese Τριακονταετηρις, deren Halbirung dem Indictionscyclus genau entsprechen würde, erscheint schon in den Texten der Pyramidenkönige Nefercheres[2]) und Phiops[3]) und begleitet uns bis in die griechisch-römische Zeit, wo die alte Schreibung „Fest (Ḥb) des S(e)t' von der kaum blos graphisch verschiedenen Ḥbs , demotisch n-rnp(u)n-ḥbs ‚Jahr Ḥbs' abgelöst wird. Dass dieses Fest nicht etwa zur Feier des dreissigsten Regierungsjahres Pharao's, der Tricennalia, stattfand, ersieht man aus dem Umstande, dass eines der ältesten Beispiele im achtzehnten Regierungsjahre des Königs Phiops, ein anderes im zweiten des Königs Monthôthes begangen wurde.

Einen Schritt weiter führen uns die erwähnten Inschriften und Darstellungen des Chamesgrabes. Die eine besagt[4])

Z. 1.

---

[1]) a. a. O., S. 28.
[2]) Flinders Petrie, A season in Egypt, 1887, Inschrift aus Elephantine, T. XII, Nr. 311, Z. 1   Z. 2
[3]) Brugsch, Matériaux, S. 70 nach III L, 115 g. Die Inschrift in Hammamât ist vom 27. Epiphi des Jahres 18.
[4]) III L, 77, vgl. Brugsch, Geschichte Aegyptens, S. 416.

Z. 2. [hieroglyphs]

Z. 3. [hieroglyphs]

Z. 4. [hieroglyphs]

Z. 5. [hieroglyphs]

‚Verkündigung der Listen der Ernte von ... (2) vor dem Könige, als Ernte des grossen Nils (man denkt an die Ινδικτιων Νειλου) an dem Feste der Triakontaëteris (3) ... seine Majestät von Seiten der Vorsteher der Häuser der Saat Pharao's LHG und (4) ... der ..... des oberen und unteren Landes, angefangen von diesem elenden Lande K(a)sch bis (5) zu den Grenzen von N(a)h(a)rin.'

Die andere [1])

[hieroglyphs]

‚Belohnungen der Vorsteher der Häuser der Saat Pharao's LHG und der .... des oberen und unteren Landes. Es hat der Vorsteher der Scheunen gesprochen in Bezug auf diese, dass sie gegeben haben ein grösseres Ernteergebniss, als seit dreissig Jahren.'

---

[1]) III L, 76.
[2]) Mit der richtigen Lesung von Loret, a. o. a. O., S. 120.
[3]) Vgl. ⲉϥϫⲱ ⲙⲙⲟⲥ ⲉⲣⲟϥ, Apostelg., 5, 36.

Aus diesen Angaben tritt uns die Art des Festes deutlich entgegen, es knüpft an die Vollendung der Ernte und damit im Zusammenhang an die Entrichtung der Steuern an, lauter Momente, die wir als charakteristisch für die Ἰνδικτιων Νείλου beobachten konnten. Wie in byzantinischer Zeit fünfzehn solcher, mit der Vollendung der Haupternte im Juni beginnender Steuerjahre zu einem Indictionscyclus vereinigt wurden, so fasste man im Pharaonenreiche dreissig Steuerjahre zu einer Triakontaëteris zusammen. Das erste der dreissig Erntefeste einer solchen Triakontaëteris ward im ganzen Lande besonders festlich begangen — es ist dies das S̩tfest, nach dem der Cyclus den Namen erhielt. „Du bist auf deinem (Sp)-throne an dem S̩tfeste erschienen wie Gott R'a am Anfang des Jahres' heisst es durchsichtig genug in einer Inschrift von Abydos[1]) von König Seti I. Ein Rückblick auf die verflossenen dreissig Jahre war bei Erneuerung der Triakontaëteris sehr am Platze. Indem dies auch in unserer Inschrift bezeichnender Weise geschieht, wird es wahrscheinlich, dass das besonders gute Erträgniss des ersten Jahres infolge „grossen Nils' zu einer Erhöhung der Steueransätze benützt wurde. Denn eine gründliche Revision der Kataster und der Steuerverhältnisse dürfte bei jeder Erneuerung des Cyclus stattgefunden haben und wohl mit die Ursache seiner Einrichtung gewesen sein.

Daneben liegt es nahe, an die Einrichtung des Jubeljahres zu denken, welche in der chronologischen Ueberlieferung des Alterthums vorläufig so singulär dasteht und schwerlich eine ursprünglich jüdische Einrichtung ist:

3 Moses, 25, 9. Du sollt die Posaune lassen blasen durch alles euer Land, am zehnten Tage des siebenten Monats, eben am Tage der Versöhnung.

10. Und ihr sollt das fünfzigste Jahr heiligen und sollt es ein Erlassjahr heissen im Lande, allen, die darinnen wohnen; denn es ist euer Halljahr, da soll ein Jeglicher bei euch wieder zu seiner Habe und zu seinem Geschlecht kommen u. s. w.

---

[1]) Brugsch, Thesaurus, II, S. 213.

Man sieht, auch hier bildet die Zeit der Ernte die Epoche. Der Umstand, dass gerade dreissig Jahre zu einem Cyclus zusammengefasst wurden, ist wohl darauf zurückzuführen, dass die Einrichtung des Jahres von 360, beziehungsweise 365 Tagen auf ein grosses Jahr von zuerst 365 Jahren übertragen wurde. Da gab es Monate von 30 (Sṭ-Cyclus), Jahreszeiten von 120 Jahren (Ḥnti-Periode). Das ‚grosse' Jahr von 365 Jahren ist uns in einer späten Inschrift bezeugt. Setzt man statt der Jahre Tetraëteriden, so erhält man in den letzten Fällen Perioden von 480, beziehungsweise 500 (Phönix-Periode) und 1460 Jahren (Sothis-Periode[1]). Im Einzelnen bleibt bei der Einrichtung dieses dreissigjährigen Cyclus noch manches dunkel.[2]) Hoffentlich werden neue Funde sowohl über diese Punkte als auch über den Anschluss des Cyclus an den Indictionscyclus der constantinischen Zeit bald Aufschluss gewähren.

Die Kopten bedienten sich für gewöhnlich zur Bezeichnung des Indictionsjahres des griechischen Lehnwortes ⲓⲛⲇⲓⲕⲧⲓⲱⲛ, selten der Umschreibung ⲣⲟⲙⲡⲓ ⲙⲡⲕⲓⲕⲗⲟⲥ[3]), Jahr des Cyclus, in Faijûmer Urkunden, wie ich an anderer Stelle bemerkt habe,[4])

---

[1]) Vgl. meine Studien zur Geschichte des alten Aegyptens, I (Sitzungsberichte der Wiener Akademie, phil.-hist. Classe, Bd 98) S. 10 (842).

[2]) Die Ausschreibung des Festes fiel in dem 44. Jahre Ramses II. auf den 22. Mechir, Rosellini, M. Culto, T. XXXVI, also etwa Anfang Jänner (auf den Tag der Winterwende (?), welche damals auf den 1. Jänner fiel). Nach den Inschriften von Hammamât fiel die Feier unter Phiops auf den 27. Epiphi und unter Monthôthes (Mnḫuḥtp) auf den 3. Paophi. Die letztgenannte Inschrift, II L, 149, c und jetzt bei Golenischeff, Epigraphische Resultate einer Reise nach dem Wâdi Hammamât, T. X, Nr. 1, ist aus dem zweiten Regierungsjahre dieses Pharao. Seine Regierung wäre, wenn diese Wandeljahrdaten auf denselben Tag des festen Jahres sich beziehen — was wahrscheinlich, aber nicht sicher ist — um 280 Jahre nach Phiops anzusetzen, da vom 27. Epiphi bis zum 3. Paophi 70 Tage sind. Vgl. Gensler, Die thebanischen Tafeln, S. VI. Vorausgesetzt nämlich, dass das Wandeljahr bereits zur Zeit Phiops in seiner späteren Gestalt bestand — was mir wenigstens bei dem Umstande, dass die Epagomenen erst in Benihassan erwähnt werden, zweifelhaft ist. Die üblichen chronologischen Systeme widersprechen diesem Ansatze nicht.

[3]) Mittheilungen, I, 18.

[4]) Recueil de travaux relatifs à la philologie et à l'archéologie égyptiennes et assyriennes, VI, 76, Mittheilungen, I, 17 ff.

des Wortes ⲥⲉⲛ (doch wohl nur das altägyptische ⊘ ‚mal'[1]) und sagten beispielshalber im letzteren Falle: ⲙⲡⲭⲱⲱⲗⲉ ⲙⲡⲕⲁⲣ̈ ⲉⲧⲥⲉⲛ ⲑ̄ ‚zur Zeit der Weinernte der neunten Indiction'.[2]) Am vollständigsten ist uns die betreffende Formel in dem Papyrus Erzherzog Rainer Nr. 3005 erhalten[3])

ⲁⲓⲥϧⲉⲓ ⲛⲥⲟⲩ ⲕ̄ⲋ̄ ⲛⲛⲉⲡⲓⲫ ⲛⲧⲥⲉⲡⲓⲉ̄ ⲛⲗⲁⲙⲡⲓ ⲙⲡⲕⲓⲕⲗⲟⲥ

‚ich schrieb am 26. Epiphi an der 15. Wiederholung des Jahres des Cyclus'.

Die Construction ist dieselbe wie im ⲧⲙⲉⲣⲥⲁϣϥⲉ ⲙⲡⲉ, der siebente Himmel.

Die bisherigen Erörterungen über die Steuerverwaltung Aegyptens, anknüpfend an die Darstellungen des Grabes des ‚Vorstehers der Scheunen' Chames, kommen uns bei der Prüfung jener Verwaltungsmassregeln wohl zu statten, welche im 47. Capitel der Genesis dargestellt werden. Auf Josef wird hier die gesammte Besteuerung Aegyptens zurückgeführt. In den Jahren der Fruchtbarkeit wird das reiche Ernteergebniss Aegyptens (γεννήματα[4]) in den Scheunen Pharao's aufgespeichert. Wir müssen nach dem ganzen Zusammenhange annehmen, dass diese γεννήματα, sofern sie nicht von den königlichen Ländereien herstammten, freien Eigenthümern von Grund und Boden billig ‚abgekauft' wurden. In den Jahren der Noth werden diese freien Grundbesitzer genöthigt, zuerst ihre Edelmetalle an Pharao abzuliefern, dann ihr Vieh, Pferde, Schafe, Rinder, Esel, endlich ihre Felder zu ‚verkaufen'. So werden sie zu Leibeigenen Pharao's und zahlen die Steuer, den Fünften.[5])

---

[1]) Vgl. Brugsch, Matériaux, S. X und Aeg. Z., 1885, S. 16. Immerhin wird man in dieser im Faijûm erhaltenen Bezeichnungsweise Reste einer alten zu erkennen haben. Auch bei der Triakontaëteris begeht man das erste, zweite, dritte u. s. w. *Sp* derselben.

[2]) Mittheilungen, I, 23.

[3]) Mittheilungen, II, 47.

[4]) Dies ist ein technischer Ausdruck der ägyptischen Graecität, vgl. den Wiener Papyrus Nr. 31 bei Wessely, Die griechischen Papyri der kaiserlichen Sammlungen Wiens, S. 22.

[5]) Nur proleptisch wird sie schon Genesis 41, 34 erwähnt. Präciser ist hier der Ausdruck der Septuaginta.

Auch für diese Frage hat eine Reihe von koptischen Schuldscheinen der erzherzoglichen Sammlung neue Aufschlüsse gewährt.¹) Das allgemeine Formular, nach welchem diese entworfen sind, lautet:

‚Im Namen Gottes.

‚Ich . . . ., Sohn des . . ., aus dem Orte . . . . schreibe an . . ., Sohn des . . ., aus dem Orte . . . . Ich habe eine Schuld an Dich. Ich habe von Dir erhalten . . . Goldstücke auf Rechnung von . . . . . Getreide oder Wein u. s. w. Ich bin bereit Dir dies (die bezeichnete Quantität Getreide oder Wein u. s. w.) zurückzustellen zur Zeit der Ernte der x + 1sten Indiction ohne Widerrede. Geschrieben am . . des Monats . . . . der xsten Indiction.‘ Folgen die Namen der Zeugen und die Unterschrift des Notars.

Bares Geld hatte der ägyptische Bauer ungemein selten, er zahlt mit dem Ertrage seines Grundstückes seine Schulden ab, sei es an seine Privatgläubiger, sei es an den Hauptgläubiger, den Staat. Die Zeit der Ernte war ja die einzige, wo von dem ägyptischen Bauer etwas zu haben war, und dieser Umstand war für die Einrichtung des Steuerwesens von massgebender Bedeutung.

Auf diesen thatsächlichen Verhältnissen beruht die Erzählung der Genesis. Berücksichtigen wir, dass es Geld in unserem Sinne im alten Aegypten nicht gab, so stellte sich der Sachverhalt folgendermassen. Was der ägyptische Landbauer zur Zeit der Hungersnoth brauchte, war Getreide, welches sonach an die Stelle der geliehenen Goldstücke der Faijûmer Urkunden tritt. Indem er zur Zeit der Ernte nicht das ganze Ergebniss an Pharao abliefern und damit die Schuld abtragen kann, sondern einen Theil zur Saat und zur eigenen Erhaltung zurückbehalten muss, kommt er in ein unauflösliches Schuldverhältniss zu Pharao, welches seinen Ausdruck in einer jährlich zu entrichtenden Steuer findet. Dies ist nach ägyptischer Anschauung die rechtliche Grundlage der Steuer, deren sich der Erzähler der Genesis recht wohl bewusst ist. Die bis ins Einzelne ausgebildete Steuerorganisation Aegyptens musste einem Beobachter, der an die

¹) Vgl. für diese Verhältnisse die oben S. 103, A. 4 angeführten Aufsätze.

freie Gliederung semitischer Stammverbände gewöhnt war, besonders merkwürdig erscheinen.

Die ägyptischen Monumente geben uns vorläufig noch keinen sicheren Aufschluss über die Zeit, wann dieses gewaltige Verwaltungsnetz über Aegypten ausgebreitet wurde. Aber man wird kaum irren, wenn man die Hauptentwicklung desselben in die Zeit zwischen dem sogenannten mittleren und neuen Reiche verlegt. Man hat auf verschiedene Weise den Unterschied des Zustandes Aegyptens vor und nach dem Einfalle der Hykschos auszudrücken versucht. Man entlehnte der Geschichte des Mittelalters Bezeichnungen, die auf ägyptische Verhältnisse angewendet, sich freilich so ausnehmen, wie wenn man auf alten Bildern Griechen und Römer in der Tracht des fünfzehnten Jahrhunderts dargestellt findet. Einer der Hauptunterschiede zwischen dem Aegypten vor und nach dem Einfall der Hykschos scheint mir in der gänzlichen Veränderung der Besteuerung zu liegen. An die Stelle von Gaben an die einzelnen grossen Herren, wie sie in der alten patriarchalischen Zeit beliebt und in den Gräbern der Vornehmen so oft dargestellt wurden, tritt in der Zeit nach Vertreibung der Hykschos ein fest organisirtes, unter Aufsicht königlicher Beamten stehendes Besteuerungssystem. Es ist die Zeit der Herrschaft der ‚königlichen‘ Schreiber, der βασιλικοὶ γραμματεῖς der griechischen Urkunden der Ptolemäerzeit, welche Würde in der Zeit der Thetmôsiden und Ramessiden mit Vorliebe von den höchsten Beamten geführt wurde. Die Wirren der Befreiungskriege, daneben gewaltige Confiscationen und vor allem Finanzoperationen nach Art der in der Genesis beschriebenen, welche sich jederzeit und auch in unserem Jahrhunderte wiederholt haben, müssen eine gänzliche Umgestaltung des Verhältnisses Pharao's zu den Landbauern zur Folge gehabt haben.[1]

Ausdrücklich werden in der Genesis Ländereien der Priester als von den Massregeln Joseph's nicht betroffen bezeichnet. Mit

---

[1] Dem Griechen Herodot, II, 109, erzählten die Aegypter, dass König Sesôstris, auf den mit Vorliebe alle staatlichen Einrichtungen zurückgeführt wurden, auch das Steuersystem Aegyptens begründet habe.

vollem Rechte. Soweit wir die Verhältnisse überschauen, ist der grosse Grundbesitz der Priestercollegien aus Schenkungen Pharao's hervorgegangen, die erst in der Zeit des neuen Reiches gewaltige Dimensionen annehmen. Im alten Reiche hat es wohl überhaupt nur Heiligthümer, aber keine Tempelanlagen gegeben. Dass die Priestercollegien nicht die Güter an Pharao ‚verkaufen' konnten, um mich der Ausdrucksweise der Genesis zu bedienen, der sie ihnen geschenkt hatte, liegt auf der Hand. Ebensowenig konnte Pharao von Ländereien, die er geschenkt hatte, Steuern erheben. So erklärt sich die Steuerfreiheit der Priestergüter einfach genug. In der Ptolemäerzeit waren auch die Ländereien der Priestercollegien besteuert. Voraussichtlich sind die ‚bösen' Perser von dem alten Grundsatz der Steuerfreiheit der Priestergüter zuerst abgewichen, dies würde die εἰς τοὺς ἐγχωρίους θεοὺς ἀσέβειαν, deren sie sich nach Diodor, I, 44 schuldig gemacht haben, hinlänglich erklären. Die Ptolemäer hatten keinen Grund und keine Neigung in diesem Punkte zu den Ueberlieferungen der alten Könige zurückzukehren.

Es ist nichts ungewöhnliches am Hofe Pharao's Semiten in hohen Stellungen zu finden, nicht blos lassen sich hiefür aus der hieroglyphischen Literatur Belege beibringen, auch in späteren Zeiten sehen wir Fremde speciell in der Finanzverwaltung verwendet. Es sei an jenen Juden Josephos, der als Generalpächter von Syrien am Hofe des Ptolemaios Philopator eine grosse Rolle gespielt hat, erinnert. In analoger Weise finden wir unter den Arabern zahlreiche Kopten in der Finanzverwaltung verwendet.[1]) Dagegen wird man von vornherein kaum mit der Annahme sich befreunden, dass Nichtägypter Zutritt zu den Priesterämtern gehabt hätten.

Unter den Einwirkungen der höheren ägyptischen Cultur wurden diese Fremdlinge rasch zu Aegyptern. Auch bei Joseph wird dies in gebührender Weise in der Bibel hervorgehoben. Er trägt ägyptische Kleidung — ein Byssosgewand — und, wie so viele ägyptische Grosse, das ‚Zeichen des Goldes' um den Hals

---

[1]) Mittheilungen, II, 45.

(vgl. Gen. 41, 42: κλοιὸν χρυσοῦν περὶ τὸν τράχηλον αὐτοῦ). Er erhält von Pharao Ἀσενέθ,[1]) die Tochter Petephre's, des Priesters von Heliopolis, zur Frau, er erhält, wie ich meine, von Pharao einen ägyptischen Namen. Auch das letztere ist nicht auffallend, es lag nahe, den fremd klingenden mit einem dem ägyptischen Ohre geläufigeren Namen zu vertauschen. In Abydos ist uns der Grabstein eines Semiten erhalten, der aus dem Lande 〈hierogl.〉 T'arbsna stammte, und neben dem heimischen Namen 〈hierogl.〉 Banumt'na auch den ägyptischen 〈hierogl.〉 R'a-ms-m-p(r)-r'a mit dem Beinamen 〈hierogl.〉 Mr-an führte. Der Name, den Joseph von Pharao erhielt, lautet in unserer Ueberlieferung: צָפְנַת־פַּעְנֵחַ. Es zeigt sich, dass die uns vorliegende Lesung dieses ägyptischen Namens auch aus dem Hebräischen eine Deutung findet, ein Umstand, der nicht eben für die Correctheit der Ueberlieferung spricht und es annehmen lässt, dass der den Hebräern gänzlich unverständliche Name eine Hebräisirung sich hat gefallen lassen müssen, ein Fall, der nicht ohne Analogien dasteht.

Eine Deutung des Namens aus dem Aegyptischen kann daher nur mit grösster Reserve versucht werden. Halten wir unter den ägyptischen Namen Umschau, so tritt uns eine Reihe von Namen entgegen, welche aus drei Elementen bestehen und in ihrer Bildung unverkennbare Aehnlichkeit mit dem fraglichen Namen aufweisen. Das erste dieser Elemente ist 〈hierogl.〉, das zweite ein Gottesname, das dritte bald männlich 〈hierogl.〉, bald weiblich 〈hierogl.〉.

So finden wir einen

〈hierogl.〉 T'e-hor-efônch

〈hierogl.〉 T'e-phtah-efônch

〈hierogl.〉 T'e-chonsu-efônch

---

[1]) Brugsch, Geschichte Aegyptens, S. 248, erinnert mit Recht an den häufigen Namen Snt, 〈hierogl.〉.

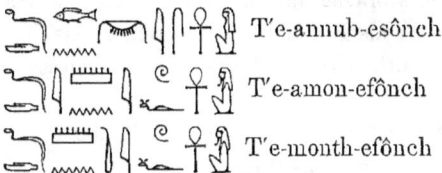

T'e-annub-esônch

T'e-amon-efônch

T'e-month-efônch

Das vorläufig älteste Beispiel des Vorkommens dieses Namens liefert uns ein hieratischer Papyrus im Turiner Museum,[1]) welcher einem Manne mit Namen T'e-chonsu-efônch gehörte. Sein Vater hiess und lebte, wie sein Grab in der Todtenstadt von Theben bezeugt,[2]) unter Ramses IX.

Häufig wurden diese Namen von Prinzen geführt. Die Mumie eines T'e-phtah-efônch, der sich Priester des Amon und Königssohn des Ramses nennt, ward im Schachte von Deir el-Bahari gefunden,[3]) als Zeitgenossen Scheschonk I., des Eroberers von Jerusalem, kennen wir den Prinzen T'e-hor-efônch und die Prinzessin T'e-annub-esônch, auf der Pianchistele wird uns der Fürst von Mendes T'e-amon-efônch genannt. Während das erste und letzte Element in dem fraglichen Namen der Genesis in Uebereinstimmung mit den Transcriptionsgesetzen, welche in der Ramessidenzeit für semitische Namen galten,[4]) sich nachweisen lassen, widerstrebt das mittlere Element, in welchem wir einen Gottesnamen zu erwarten haben, vorläufig einer gesicherten Deutung. Unter den vorliegenden Beispielen würde der Gottesname Month am ehesten den geforderten Bedingungen entsprechen, wenn wir eine Verstümmelung des mittleren Bestandtheiles im Sinne der Hebräisirung des Namens und eine

---

[1]) Naville, Einleitung in das Todtenbuch, S. 36.
[2]) Champollion, Notices, I, 560.
[3]) Lefébure, Le puits de Deir el-Bahari, S. 9. Naville, Einleitung in das Todtenbuch, S. 68 A. Maspero, Guide au Musée de Boulaq, S. 323, Nr. 5211.
[4]) Fehlerhaft steht einmal statt , welches einer anderen Gruppe von Namen zuzuweisen ist, vgl. Studien zur Geschichte des alten Aegyptens, II, S. 58. Die Variante spricht für die Aussprache des ohne , wie im Koptischen.

Corrumpirung der Aussprache annehmen. Der Name eines ägyptischen Götzen musste als Bestandtheil des Beinamens Joseph's von Anfang an begreiflicherweise bei seinen Stammesgenossen Anstoss erregen.

Danach wäre der Name ägyptisch zu schreiben

פענח   פנת   צ
Te-month-efônychos.

Wie Joseph einen ägyptischen Namen und eine Aegypterin zur Frau erhält, so stirbt er auch hundertzehn Jahre alt. Das ist das Alter, welches der fromme Aegypter als Belohnung für seinen frommen Wandel auf Erden von Osiris erhoffte[1]) und welches nach der Legende auch Joseph, der Vater von Christus erreicht hat. Nicht wie sein Vater Jakob in der Patriarchengruft von Hebron, sondern in einem Sarkophage mumificirt ward er in Aegypten begraben (ἔθαψαν αὐτὸν καὶ ἔθηκαν ἐν τῇ σορῷ ἐν Αἰγύπτῳ).

---

[1]) So schon Goodwin bei Chabas, Mélanges, II, 2, S. 231 ff. Vgl. Studien zur Geschichte des alten Aegyptens, I, S. 14 ff., wo auf die 110 Seiten des Papyrus Ebers unter Hinweis auf die Stelle desselben Papyrus, I, 4—8: „So viele Seiten da sind . . . . . so oft erbarmt sich Ra', welcher spricht: ich behüte ihn vor seinen Feinden' (d. h. den Krankheiten) aufmerksam gemacht wird.

Inhalt.

                                                                    Seite
Altägyptische Untersuchungsacten über Beraubung von Königsgräbern,
  von August Eisenlohr 1
L'usekh, collier de mérite pour le choix et l'aménagement des herbes
  fourragères, par Ollivier Beauregard 13
On the Dispersion of Antiquities. In connection with certain recent
  discoveries of Ancient Cemeteries in Upper Egypt, by Amelia B.
  Edwards 37
L'art antique égyptien dans le Musée de Leide, par W. Pleyte . . . 47
Notes de linguistique africaine. Les Puls, par Th. Grimal de Guiraudon 55
Ueber den ägyptischen Namen Joseph's (Genesis 41, 45), von J. Krall 97

www.ingramcontent.com/pod-product-compliance
Lightning Source LLC
Chambersburg PA
CBHW070522100426
42743CB00010B/1908